Rédaction de rapports administratifs : de la théorie à la pratique

4e édition

résumés

comptes rendus

procès-verbaux

procédures

rapports

Nicole Vachon
Cégep de Lévis-Lauzon

Révision scientifique
Johanne Brochu
Cégep de Lévis-Lauzon

MODULO

Nous reconnaissons l'aide financière du gouvernement du Canada par l'entremise du Fonds du livre du Canada (FLC) pour nos activités d'édition.

Catalogage avant publication de Bibliothèque et Archives nationales du Québec et Bibliothèque et Archives Canada

Vachon, Nicole, 1946-

    Rédaction de rapports administratifs : de la théorie à la pratique

    4e éd.

    Comprend des réf. bibliogr.
    Pour les étudiants du niveau collégial.

    ISBN 978-2-89650-486-2

    1. Style commercial. 2. Sociétés - Rapports. 3. Rapports - Rédaction.
4. Français (Langue) - Français commercial. I. Titre.

HF5719.V32 2011   808'.06665   C2011-941553-4

Équipe de production

Éditeur : Éric Mauras
Chargée de projet : Monique Pratte
Révision linguistique : Paul Lafrance
Correction d'épreuves : Isabelle Canarelli
Montage : André Ferland (L'orange bleue)
Coordination de la mise en pages : Nathalie Ménard
Maquette : Pige communication
Couverture : Julie Bruneau
Recherche textes : Marc-André Brouillard
Gestion des droits : Corine Archambault

MODULO

*Groupe Modulo est membre de
l'Association nationale des éditeurs de livres.*

**Rédaction de rapports administratifs. De la théorie à la pratique, 4ᵉ édition
(3ᵉ édition : 2003)**
© Groupe Modulo inc., 2012
5800, rue Saint-Denis, bureau 1102
Montréal (Québec) H2S 3L5
CANADA
Téléphone : 514 738-9818 / 1 888 738-9818
Télécopieur : 514 738-5838 / 1 888 273-5247
Site Internet : www.groupemodulo.com

Dépôt légal - Bibliothèque et Archives nationales du Québec, 2011
Bibliothèque et Archives Canada, 2011
ISBN 978-2-89650-486-2

Imprimé aux États-Unis
2 3 4 5   15 14 13

AVANT-PROPOS

Je suis très fière de vous présenter la quatrième édition de mon livre *Rédaction de rapports administratifs : de la théorie à la pratique*, fruit de 28 années d'enseignement au collégial. La première autoédition, parue en 1996, a vu le jour pour pallier le fait que les ouvrages en rédaction administrative ne traitaient que partiellement de la rédaction de procès-verbaux et de rapports. À l'époque, ce sont mes notes de cours qui ont servi de base à cette première édition.

Depuis, bien des choses ont changé. Au fil du temps, de nouvelles technologies et de nouvelles manières de faire sont apparues, offrant de plus grandes possibilités aux étudiants et étudiantes, qui en profiteront également quand ils s'intégreront au marché du travail. Cette édition en tient compte.

Les enseignants et enseignantes trouveront dans cette dernière mouture plusieurs nouveautés. Entre autres, un tout nouveau chapitre sur la rédaction de paragraphes et de résumés (chapitre 2) leur permettra d'amener de manière progressive leurs étudiants et étudiantes à la rédaction de comptes rendus et de procès-verbaux. Par ailleurs, comme les changements technologiques survenus au cours des dernières années ont profondément modifié la façon d'effectuer des recherches et d'indiquer les sources des documents, j'ai revu le chapitre concernant le tri des informations (chapitre 6) dans son intégralité afin d'exposer les normes de présentation de tous les types de références possibles aujourd'hui. Ensuite, j'ai ajouté au chapitre 7 de la théorie sur la façon de présenter les citations et les notes en bas de page, et au chapitre 8, du contenu sur la présentation matérielle du rapport, particulièrement au sujet de la pagination. De plus, j'ai inséré au chapitre 9 deux modèles de rapports administratifs « parfaits ». Il s'agit d'exemples de rapports d'étudiantes – revus et corrigés au goût du jour – représentatifs de la clientèle du collégial. J'ai porté une attention particulière à ces modèles afin d'y inclure le plus d'éléments possible (différentes façons de paginer, références multiples, tableaux, figures, etc.). Enfin, la ponctuation étant un aspect important d'un texte bien écrit, la quatrième édition comporte une annexe sur les règles régissant celle-ci.

Je tiens à remercier l'équipe de Modulo, particulièrement Mme Monique Pratte, chargée de projet, M. Paul Lafrance, réviseur linguistique, et Mme Isabelle Canarelli, correctrice d'épreuves, qui ont mis leur connaissance de la langue française au service de mon livre, passant à la loupe chaque phrase, chaque mot et chaque virgule, ainsi que Mme Johanne Brochu, enseignante en Techniques de bureautique, qui en a effectué la révision scientifique. Cette quatrième édition est celle dont j'ai rêvé pendant toutes mes années d'enseignement.

Nicole Vachon

TABLE DES MATIÈRES

Liste des tableaux et figures

Les tableaux

Les figures

Introduction

Les entreprises, sans cesse en expansion et en compétition, doivent déléguer à plusieurs cadres de niveaux différents les tâches liées à la communication. La direction doit être avisée des affaires courantes afin de prendre les décisions qui s'imposent pour la bonne marche de l'entreprise. Pour ce faire, elle doit recevoir l'information pertinente de ses gestionnaires. La rédaction technique ou administrative fait partie des tâches de tout le personnel. Voici la déclaration d'un directeur des ressources humaines :

> D'après les résultats d'une enquête, « les deux tiers des salariés des grandes entreprises américaines ont des responsabilités en matière de rédaction. " Tous les employés doivent posséder une capacité de rédaction... Documentation de fabrication, procédures de fonctionnement, problèmes de communication, sécurité en laboratoire, opérations de rejet de déchets... tous doivent être clairs comme le cristal", a déclaré un directeur des ressources humaines[1] ».

Les compétences en rédaction sont fondamentales. Le style administratif exige une communication écrite claire, précise, directe et rapide. Tout doit être dit sobrement, sur un ton impersonnel (dénué de sentimentalité et de familiarité), dans un nombre minimal de mots. Cette rédaction organisée et ordonnée doit répondre à des normes quant à la forme, au contenu et à la langue. Elle se caractérise, entre autres, par le recours fréquent aux graphiques, schémas et tableaux. La rédaction des documents administratifs (lettres, courriels, comptes rendus, procédures et rapports) présente de nombreuses exigences. Les rédacteurs et rédactrices doivent aller droit au but et ne rien ajouter pour « habiller » le texte, vu les horaires chargés des gestionnaires. Il n'y a pas de place pour les figures de style, les inversions, les tournures de phrases complexes. Ils doivent se baser sur des faits et des données vérifiables et les traiter de façon objective. En fait, ils ont la responsabilité d'analyser l'information recueillie, d'en tirer des conclusions et de proposer des solutions, puisque ces documents deviendront des outils de gestion.

Dans les bureaux, il revient généralement aux cadres supérieurs et intermédiaires de rédiger des rapports. Dans les usines, cette tâche s'étend aux contremaîtres, alors que dans les institutions gouvernementales, la rédaction revient à autant de fonctionnaires, chefs de service, spécialistes et pédagogues. Par ailleurs, les techniciens et techniciennes en bureautique, en éducation à l'enfance, en logistique du transport ou tout autre adjoint ou adjointe en administration ont souvent l'obligation de rendre compte par écrit de leurs démarches et de réaliser des analyses ou des études concernant leur travail. Ces rapports peuvent porter sur l'achat d'équipement, la pertinence de substituer un logiciel à un autre, les besoins de formation, les comportements en garderie, les problèmes d'accès des trains routiers dans les villes ou tout autre sujet lié aux produits ou services de l'organisme. En fait, on rédige des rapports sur autant de sujets qu'il existe de domaines dans le marché du travail.

Ces documents doivent respecter les normes de typographie et de mise en pages, et être présentés dans un français impeccable. On doit également juger de la pertinence de traiter l'information sous forme de tableaux ou de graphiques et d'incorporer des illustrations au besoin. Ces tâches de révision finale reviennent souvent aux techniciens et techniciennes qui doivent connaître les différentes étapes de la rédaction afin de présenter un travail de qualité.

---

1. GATLIN INTERNATIONAL. Description d'un cours de *Rédaction technique*, [www.gatlininternational.fr], 2010.

Pour cette raison, on doit consacrer beaucoup de temps à l'apprentissage d'une technique de rédaction. La théorie et les exercices de ce livre, divisé en 10 chapitres, permettent d'abord d'améliorer le vocabulaire, la syntaxe et la structure d'un texte avant d'entreprendre la rédaction de comptes rendus, de procès-verbaux, de procédures ou de rapports. Les règles de rédaction et de présentation de ces documents sont vues pour chacun des documents, les trois premiers chapitres étant préparatoires à la rédaction de rapports, objectif visé par cet ouvrage. Pour ce faire, nous nous servirons du schéma de production d'un rapport technique ou administratif présenté dans la figure I.1 ci-dessous.

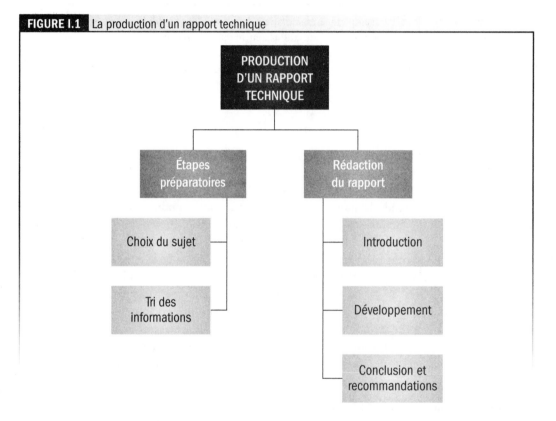

FIGURE I.1 La production d'un rapport technique

Plus précisément, pour parvenir à rédiger un document aussi complexe, quelques exercices préparatoires et la rédaction de documents plus simples serviront en grande partie à apprendre à structurer un texte.

Le premier chapitre, *La préparation à la rédaction*, rappelle quelques notions rédactionnelles et met l'accent sur les erreurs à éviter telles que les répétitions, les pléonasmes, les anglicismes, la lourdeur des phrases, etc. Il revoit l'usage du pronom et de ses antécédents, de même que la féminisation des textes.

Le deuxième chapitre, *Les paragraphes et les résumés*, présente la façon de faire ressortir les idées principales et secondaires d'un texte et de développer la logique.

Le troisième chapitre, *Les comptes rendus, les procès-verbaux et les procédures*, s'attarde particulièrement à la rédaction de documents utilisés quotidiennement dans les bureaux, en mettant en lumière le *Code Morin* sur lequel on se base pour connaître le vocabulaire et les règles des assemblées délibérantes.

Le quatrième chapitre, *Les rapports administratifs*, définit les différents types de rapports et plus particulièrement le rapport analytique et le rapport de recommandation.

Le cinquième chapitre, *Le choix du sujet*, permet de circonscrire l'objet du rapport et de produire le plan provisoire. Cette étape essentielle vient freiner les rédactrices et rédacteurs trop pressés de recueillir l'information. Du même coup, elle réduit considérablement le temps qu'ils devront consacrer au tri de l'information tout en les aidant à demeurer dans le vif du sujet.

Le sixième chapitre, *Le tri des informations*, présente les notions relatives à la production de la médiagraphie, pour tout document imprimé, vidéo, audio et numérique. Il montre également comment retenir la documentation nécessaire afin d'en arriver au plan définitif.

Le septième chapitre, *La rédaction d'un rapport technique*, présente les étapes de rédaction des parties du rapport, en multipliant les exemples. Ce chapitre explique clairement comment arriver à rédiger l'introduction, le développement, la conclusion et les recommandations. Il propose une façon pratique, nouvelle et facile de rédiger.

Le huitième chapitre, *La présentation matérielle du rapport*, revoit les normes de présentation des différentes parties du rapport, en soulignant l'importance de la structure du document.

Le neuvième chapitre, *Des modèles de rapports*, propose des rapports analytiques et de recommandation, présentés selon les normes. Les deux derniers rapports sont accompagnés d'un exercice. Évidemment, certains exemples présentent des sujets qui ont pu subir de rapides modifications, mais le côté rédactionnel demeure la partie essentielle de ces documents.

Le dixième et dernier chapitre, *L'évaluation de rapports*, propose des sujets de rapports couvrant différents domaines d'activité, ainsi que deux barèmes de correction (rapport analytique et rapport de recommandation), lesquels ont fait l'objet de plusieurs expériences auprès de groupes d'étudiants et d'étudiantes, car la correction de rapports est complexe et difficile à évaluer.

CHAPITRE 1

La préparation à la rédaction

OBJECTIF

Améliorer le texte

- Employer le mot juste
- Enrichir le vocabulaire
- Harmoniser les éléments
- Éviter les répétitions
- Simplifier le message
- Respecter la langue

Avant d'entreprendre la rédaction de documents administratifs, il est recommandé de revoir quelques notions qui permettront de présenter un travail de qualité. La rédaction technique ne se limite pas à un style. Puisqu'elle englobe tous les types d'entreprises et de services, elle peut avoir recours à un large éventail de mots. Le style administratif doit être précis, clair et concis. Il est donc essentiel de repérer les erreurs à éviter afin d'économiser du temps, de favoriser la compréhension du texte et de respecter la langue. Pour les mêmes raisons, il est recommandé d'utiliser des verbes actifs et d'éviter les répétitions. Enfin, le bon usage du pronom, en lien avec son antécédent, favorisera la compréhension du texte et l'adoption d'un ton professionnel. Ces quelques rappels visent une amélioration de la rédaction de documents administratifs par une prise de conscience des erreurs à éviter.

1.1 L'emploi de termes spécialisés

Lorsqu'un terme relève d'un vocabulaire spécialisé, insérez une note en bas de page pour l'expliquer ou donnez-en la définition dans le texte, entre virgules, entre parenthèses ou entre tirets. Par exemple :

> Les quatre chiffres du millésime[2] doivent toujours être indiqués, à moins qu'il ne s'agisse d'expressions consacrées (la guerre de 14-18, Mai 68) ou de décennies (les années 20).
>
> Le bit (unité de base en informatique représentant soit 0, soit 1) sert à former des codes correspondant aux caractères ou à tout autre type de données.
>
> Le coût des ballasts – régulateurs de tension – est remboursé, laissant la main-d'œuvre aux frais de la Friperie du Bourg.

1.2 L'emploi du mot juste

Portez une attention particulière au choix du mot juste et à l'élimination des anglicismes. L'Office québécois de la langue française vous aide à trouver le mot juste en consultant *Le grand dictionnaire terminologique* en ligne, à l'adresse www.granddictionnaire.com. Vous pouvez également consulter *Termium Plus* à l'adresse www.termiumplus.gc.ca. Voici quelques exemples de formes fautives accompagnées de leur forme correcte.

> Nous vous **serions gré**... Nous vous *saurions gré* (verbe *savoir* et non être).
>
> Des problèmes **pécuniers**... Des problèmes *pécuniaires* (l'adjectif « pécunier » n'existe pas).
>
> On offre souvent du **junk food** dans les arénas. Le terme *malbouffe* est proposé.
>
> Les **designers** québécois sont reconnus internationalement. Dans ce cas où l'on ne mentionne pas de spécialité (mode, graphisme ou autre), aucun terme français ne peut remplacer le mot « designer » (spécialiste qui conçoit des objets harmonisant des critères esthétiques et fonctionnels).

---

2. Dans l'écriture de la date, chiffre exprimant le nombre mille.

Pouvez-vous me **laisser savoir** vos intentions concernant ce projet ? Calque de l'anglais « to let know », qu'on devrait remplacer par *faire savoir*.

Pour votre recherche documentaire, lisez l'**abstract** des articles de revues afin de les retenir ou non. Le mot « abstract » est un terme anglais à remplacer par *résumé*.

La forme active et les verbes actifs

Utilisez de préférence la forme active plutôt que la forme passive. Il ne s'agit pas d'éliminer complètement la forme passive. Cependant, dans un rapport technique qui doit favoriser une prise de décision rapide, des verbes à la forme active peuvent provoquer une réaction positive. Par exemple :

Une approche publicitaire différente **a été proposée par les gestionnaires**.

Les gestionnaires ont proposé une approche publicitaire différente.

Lorsque les verbes *avoir*, *être* et *faire* reviennent trop souvent dans un texte, remplacez-les par des verbes actifs. Par exemple :

Il préfère **avoir** (*réaliser*) moins de profits.

La meilleure façon de contrôler l'utilisation des armes à feu **est de** (*consiste à*)...

L'élimination des *il y a*

Le recours trop fréquent à la formule « il y a » dénote un manque flagrant de vocabulaire. Remplacez-la par des verbes plus intéressants. Par exemple :

La télévision transforme l'utilisateur et l'utilisatrice en cibles, car **il y a** environ 300 000 messages qui les mitraillent chaque année.

(*..., car environ 300 000 messages les mitraillent chaque année.*)

L'élimination des pléonasmes

Relisez votre texte pour constater s'il y a redondance ou emploi de mots inutiles. Par exemple :

Il a été prévu **à l'avance** (*pléonasme*), les discussions en cours **actuellement** (*pléonasme*), un chèque **au montant de** (*mots inutiles*).

1.6 Le respect des éléments d'une énumération

Employez des mots de même nature lorsque vous faites une énumération (par exemple, des verbes à l'infinitif ou des noms communs).

> Voici les étapes de l'utilisation du télécopieur :
>
> - régler le guide papier à la largeur du document ;
> - placer le document original, recto vers le bas ;
> - **si nécessaire, sélection d'un mode de contraste/résolution ;** (Mieux : *sélectionner si nécessaire le mode de contraste/résolution ;*)
> - **composition du numéro ;** (Mieux : *composer le numéro ;*)
> - **pressez le bouton « Départ ».** (Mieux : *presser le bouton « Départ ».*)

Respectez le groupe d'éléments auquel les mots appartiennent. Par exemple, on ne peut pas faire une énumération de mots décrivant des événements et y inclure des personnes. Il faut continuer avec des événements ou des faits.

> Chaque jour, les médias ne ratent pas une occasion de nous rappeler les fermetures d'usine, les suppressions de postes, les faillites, le chômage **et les jeunes qui ne trouvent pas de travail, faute d'expérience.** (Mieux : *... et la rareté des emplois pour les jeunes sans expérience.*)

Répétez les prépositions *à*, *de* et *en* devant tous les éléments d'une énumération. Par exemple :

> Comme le style administratif doit être précis, clair et concis, il est essentiel *de* repérer le type d'erreurs à éviter afin d'économiser du temps, *de* favoriser la compréhension du texte et *de* respecter la langue.

1.7 La substitution de la subordonnée

Remplacez les propositions subordonnées (la subordonnée commence souvent par un pronom relatif comme *que*, *qui*, *dont*) par un nom, un adjectif ou un verbe à l'infinitif lorsque c'est possible. Par exemple :

> On nous a informés **que le marché de l'immobilier reprendrait en mai prochain.** (Mieux : *... de la reprise du marché immobilier en mai prochain.*)
>
> On trouve des multitudes de produits à tester **qui ne sont que très rarement gratuits.** (Mieux : *... à tester, rarement gratuits.*)
>
> Un brevet s'obtient après de longues recherches **qui représentent la** dépense majeure dans la conception d'un médicament. (Mieux : *... recherches, dépense majeure dans la conception d'un médicament.*)
>
> Les règles de prévention seront observées afin d'éviter un surplus de poids **dès que l'enfant est jeune.** (Mieux : *... un surplus de poids chez l'enfant dès son jeune âge.*)
>
> **À moins que je ne me trompe,** le coût de cette campagne publicitaire **serait au-delà de** 50 000 $. (Mieux : *Sauf erreur, le coût... dépasserait 50 000 $.*)

1.8 Le souci de la précision

Évitez les références trop vagues. L'ajout de dates ou de détails favorisera une meilleure compréhension du contexte ou de la personne dont il est question. Par exemple:

Les **récentes manifestations** en Égypte ont forcé le départ de **Moubarak**.

Les manifestations de février 2011 en Égypte ont forcé le départ du président Moubarak.

1.9 L'usage des pronoms *on*, *nous* ou *je*

Voici un texte provenant de la Banque de dépannage linguistique, de l'Office québécois de la langue française:

> L'emploi de *on* pour désigner une ou plusieurs personnes bien définies est fréquent à l'oral. Toutefois, à l'écrit et dans un style soutenu, il est préférable d'utiliser le pronom personnel, le plus souvent *nous*, correspondant[3].

Quand faut-il choisir entre *je* et *nous* pour représenter un seul individu? Le *nous* (appelé «nous de modestie») convient toujours, alors que le *je* peut paraître familier ou prétentieux. Il vaut donc mieux l'éviter.

Le pronom *nous* est souvent utilisé pour parler au nom de l'entreprise (ici le «nous de société»). Par exemple:

Nous sommes confiants que la politique adoptée quant à l'horaire flexible sera bien reçue par le personnel.

Vous devez éviter le changement de pronom dans un paragraphe. Cependant, lorsque vous dénombrez trop de *nous*, vous pouvez *occasionnellement* les remplacer par une forme impersonnelle. Par exemple:

Nous définissons d'abord ce qu'est l'euthanasie. Il est ensuite question de la légalisation du droit à la mort dans le monde, et ce, en lien avec les convictions religieuses. **Nous** considérons les raisons qui poussent des gens à faire un tel choix. **Nous** voyons également qui se montre concerné par l'euthanasie et quelles techniques sont employées. Enfin, **nous** analysons quelques cas de personnes qui ont réclamé l'euthanasie ou encore prié leurs proches d'abréger leurs souffrances.

---

3. Office québécois de la langue française. *Banque de dépannage linguistique*, [www.oqlf. gouv.qc.ca/ressources/bdl.html] (page consultée le 27 février 2011).

1.10 Le respect des antécédents

Portez une attention particulière au bon usage des pronoms ou des adjectifs possessifs se rapportant à un nom. Il est important de déterminer le nom que remplace le pronom afin d'utiliser le pronom à la bonne personne. Par exemple :

Nous pouvons effectuer des transactions bancaires à toute heure du jour, sans **se** préoccuper des heures d'ouverture de notre succursale.

(Dans le deuxième segment de la phrase, il faudrait employer le pronom personnel *nous*, car celle-ci commence par la première personne du pluriel.)

La clientèle peut se diviser en trois catégories : les personnes souffrant d'une maladie, celles qui consomment des médicaments, car **ils** en dépendent, et celles qui fraudent le gouvernement.

(Dans l'incise, il faudrait employer le pronom *elles*, troisième personne du pluriel au féminin, car l'antécédent est « personnes », nom féminin.)

Le rapport annuel présente les résultats financiers d'une société à ses actionnaires en les analysant de façon détaillée et méthodique, à la fin de **leur** exercice financier.

(Dans le dernier segment de la phrase, il faudrait employer l'adjectif possessif *son*, car l'exercice financier appartient à la société dont il est question, mot au singulier.)

Nous pouvons affirmer avec certitude que l'agressivité est très présente chez le jeune enfant. Cette agressivité représente en fait un moyen de faire comprendre **leur** point de vue ou **leur** mécontentement.

(Dans la deuxième phrase, il faudrait dire *son* point de vue ou *son* mécontentement, parce que au départ, il est question de l'enfant.)

1.11 La féminisation des textes

La brochure *Au féminin : guide de féminisation des titres de fonction et des textes* publiée par l'Office québécois de la langue française (www.oqlf.gouv.qc.ca) recommande l'écriture du masculin et du féminin et l'emploi de termes correspondant à des catégories (la clientèle, le personnel, les gens) lorsqu'il est possible de le faire. Il faut éviter l'utilisation de tirets, de barres obliques et de parenthèses (par exemple, les enseignant-e-s). Le tableau 1.1 présente un résumé des règles de la féminisation des textes.

TABLEAU 1.1 Les règles de la féminisation des textes

Règle	Exemple
Lorsque les personnes appartiennent au même groupe, on peut éviter de répéter les articles au pluriel et les adjectifs devant chaque titre de fonction.	Les cégépiens et cégépiennes suivent une formation préuniversitaire ou technique.
Le titre de fonction masculin se place le plus près de l'adjectif ou du participe qualifiant le doublet (quand un nom est utilisé au masculin et au féminin ; par exemple, le policier et la policière).	Les techniciennes et techniciens en bureautique recommandés pour cette formation seront informés de la date deux semaines à l'avance. Seuls les postulants et postulantes ont répondu au questionnaire.
Lorsque le titre de fonction est composé d'un nom et d'un adjectif ou comprend un trait d'union, il doit être donné au complet au féminin et au masculin.	Une travailleuse sociale ou un travailleur social sera chargé de cette affaire. Une arpenteuse-géomètre ou un arpenteur-géomètre est soumis aux lois et règlements régissant la profession.
Lorsqu'une phrase commence par un pronom, il faut l'utiliser aux deux genres.	Ceux et celles qui ont droit à un remboursement devront se présenter la semaine prochaine.
Lorsque le titre de fonction a été utilisé au féminin et au masculin dans une phrase, un pronom personnel masculin sera suffisant dans la phrase suivante.	Les répartitrices et répartiteurs ont été informés des nouveaux règlements. Ils devront donc les respecter.
Lorsqu'un titre de fonction est épicène (de forme semblable au masculin et au féminin), il est précédé de déterminants au féminin et au masculin.	On consultera une ou un médecin. Ce comité sera présidé par le ou la juge de la Cour provinciale.
Lorsque le mot épicène figure au début d'un texte, il faut utiliser les pronoms au féminin et au masculin dans la phrase suivante.	Les journalistes demandent une augmentation de salaire. Ils et elles réclament une réponse avant la fin de la semaine. Les chefs de service devront respecter ces consignes. Celles et ceux concernés devront en informer le personnel.
Lorsqu'un nom collectif peut remplacer le titre de fonction, il est préférable de l'employer pour alléger le texte.	La clientèle a répondu favorablement à ce nouveau produit. Les membres ont répondu avec empressement.

L'emploi du féminin dans tout texte est recommandé afin que la présence des femmes soit reconnue dans la société. En dernier recours, lorsque l'ampleur ou la complexité du texte l'exigent, on peut utiliser une phrase du genre : « Le générique masculin est utilisé sans aucune discrimination et uniquement pour alléger le texte » ou « Pour faciliter la lecture, le masculin utilisé dans ce rapport comprend les femmes et les hommes ».

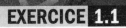
La préparation à la rédaction

Remplacez *il y a* dans les phrases suivantes par la bonne formulation.

1. Il y a un article paru dans le dernier numéro de la revue *Protégez-vous* qui vous aidera à choisir une bonne imprimante multifonction.

   l'article paru dans le dernier numéro de la revue "Protégez-vous" vous aidera à choisir une bonne imprimante multifonction

2. Il y a une théorie qui dit que le téléphone est à la base de l'autoroute de l'information.

   Une théorie dit que le téléphone est à la base de l'autoroute de l'information.

3. Dans ce bulletin, il y a plusieurs articles qui utilisent une lettrine au premier paragraphe.

   Dans ce bulletin,

4. Nous évaluerons la marque de véhicules la plus fiable et s'il y a possibilité de fabriquer ces voitures sur mesure.

5. Dans chaque bulletin de cette entreprise, il y a un texte informant le personnel des décisions prises par la direction, un graphique représentant les ventes mensuelles, la photographie d'un employé ou d'une employée et un court message du directeur du Service des ressources humaines.

Repérez le pléonasme ou la répétition et corrigez l'erreur.

6. Cette procédure est soumise à cinq étapes successives afin de ne rien oublier.

7. Les groupes cibles sont séparés en deux groupes : l'âge et le sexe.

8. Si la compagnie adoptait un tel règlement, des difficultés éventuelles pourraient survenir.

   _____

9. A-t-on la volonté de collaborer mutuellement à la détermination des objectifs de développement du programme ?

   _____

10. La séance a été reportée à une date ultérieure indéterminée.

   _____

Remplacez le verbe *avoir*, *être* ou *faire*, s'il y a lieu.

11. Le directeur général a nié faire des profits au détriment de son personnel.

   _____ nié avoir fait des profits _____

12. Le marquage permet aux marchandises d'entrer dans un pays étranger et fait la preuve qu'elles sont conformes aux normes locales.

   _____

13. Les techniciennes et techniciens en bureautique ont fait des études au niveau collégial.

   _____

14. Le Québec a l'un des taux de leucémie infantile les plus élevés au monde.

   _____

15. Par exemple, un médicament contre le rhume peut contenir le même ingrédient actif qu'un analgésique et, lorsqu'ils sont pris en même temps, ils peuvent avoir des effets secondaires importants.

   _____

16. Par contre, pour les éducateurs et éducatrices qui passent une bonne partie de leur vie dans cet environnement, les risques d'en souffrir sont plus grands.

   _____

17. L'imprimante fait du bruit, ce qui fait que j'ai mal à la tête.

   _____

18. L'erreur que nous avons faite sur cette facture peut avoir des répercussions néfastes sur les ventes futures.

_____

Appliquez correctement les règles de l'énumération dans les phrases suivantes et éliminez les mots inutiles, s'il y a lieu.

19. Pour réduire le bruit dans les garderies, il faut insonoriser les locaux, des jouets moins bruyants, isoler le plancher avec des tapis de caoutchouc et surtout créer des moments d'attention silencieuse.

_____

_____

20. C'est par la qualité de notre travail, l'expertise de notre personnel, le leadership de nos dirigeants et en servant la collectivité que nous atteindrons nos objectifs.

_____

_____

21. Le but de l'enregistrement du port des armes à feu est :

- la réduction du nombre de meurtres, de suicides, d'accidents, d'homicides ;
- l'élimination des criminels potentiels ;
- d'enrayer la contrebande ;
- faire diminuer la vente illégale.

_____

_____

22. La direction doit savoir la quantité de marchandise qu'ils ont à envoyer, quelle est la distance séparant ses clients les uns des autres et combien de chauffeurs peut-elle engager.

_____

_____

Remplacez les subordonnées par un terme approprié et améliorez les phrases au besoin en tenant compte de la féminisation, du bon usage des pronoms et de l'élimination des anglicismes.

23. La comptine, cette formule courte, rythmée et fantaisiste, est magique pour les enfants qui les retiennent facilement. C'est un complément poétique du langage qui les rejoint dans leur imaginaire.

_____

_____

24. Suite au rapport des experts, l'acouphène est un phénomène physique qui se produit subitement, qui peut rester toute la vie ou revenir à quelques moments.

_____

_____

25. Le traitement de l'anorexie varie selon les cas : suivi médical, psychothérapie, médicaments ou encore avoir recours à un groupe de soutien.

_____

_____

26. Cette firme de transport qui est nouvellement établie a besoin de représentants agressifs qui soient compétents et sur qui elle peut compter.

_____

_____

27. Sur le plan de la compréhension, la personne dyslexique ne comprend pas du tout ou partiellement ce qu'il lit.

_____

_____

28. Jean-François Hallé, le graphiste avec qui nous faisons affaire pour la couverture de nos volumes, propose que le format soit différent et que nous travaillions en quatre couleurs, même si cela veut dire des coûts de reproduction plus élevés.

_____

_____

_____

29. Le notaire, qui s'occupera de la vente de cet immeuble, verra à ce que les coordonnées de l'acheteur, Mme Gingras, soient correctes.

_____

_____

30. Les banques sont des institutions privées qui existent pour réaliser des profits.

_____

_____

31. Il serait pertinent que nous puissions identifier clairement les raisons véritables pour lesquelles nous désirons être certifiés ISO et qu'est-ce que nous en retirerons.

_____

_____

32. Les enfants qui ne déjeunent pas multiplient les collations et souvent ceux-ci sont des aliments riches en gras et en sucre, donc moins bons pour la santé.

_____

_____

33. Les membres, qui se rencontrent toutes les deux semaines, veulent régler les problèmes en ce qui a trait au marketing.

_____

_____

34. À date, cette société sans but lucratif a utilisé des techniques de communication pour se faire connaître de manière positive au Québec ; ses affaires publiques créent un climat favorable à sa croissance.

_____

_____

Dites de quelle façon le texte suivant pourrait être amélioré.

35. Depuis que le ministère de l'Éducation a modifié la Loi concernant l'âge de la fréquentation scolaire de tout citoyen québécois, en 2004, on constate que...

_____

_____

_____

_____

_____

_____

CHAPITRE 2

Les paragraphes et les résumés

OBJECTIF

Rédiger des paragraphes et des résumés

- Faire ressortir l'essentiel d'un texte
- Structurer le texte
- Développer la logique

Avant d'en venir à rédiger un compte rendu ou un rapport, il est pertinent de faire des exercices afin de savoir reconnaître la structure d'un texte. La rédaction de courts textes comme des paragraphes et des résumés prépare à celle de documents plus longs et plus complexes, en en dégageant les idées principales et secondaires. Néanmoins, la cohérence du texte constituera toujours l'élément le plus important.

Les façons de rédiger un paragraphe sont nombreuses.

> Selon qu'il s'agisse d'une analyse littéraire, d'une dissertation, d'un travail philosophique ou scientifique, d'un texte à caractère historique ou chronologique, les principes d'organisation du paragraphe peuvent différer.
>
> En bref, une fois qu'on maîtrise les rudiments de base de la construction d'un paragraphe, il est tout à fait légitime de sortir des modèles proposés, qui ne sont que des guides. En écriture, la créativité a toujours une place de choix[4].

Pour cette raison, tous les exemples de paragraphes présentés dans ce chapitre ne respectent pas nécessairement la même façon de faire, sans perdre leur cohérence. Dans les comptes rendus, les idées en constante progression rendent le texte logique ; dans les rapports, le découpage au moyen d'intertitres facilite l'enchaînement des idées jusqu'à la conclusion. Chaque paragraphe ne devrait traiter que d'une seule idée.

2.1 Les paragraphes

Un paragraphe est un groupe de phrases, compris entre deux alinéas, qui développe une même idée. Il compte en général de trois à cinq phrases et ne dépasse jamais une page. Plus précisément, un paragraphe se compose de trois parties :

- l'idée principale : elle est énoncée dans la première phrase du paragraphe pour introduire le sujet ;
- les arguments : ces phrases expliquent l'énoncé de départ et appuient l'idée principale ; les arguments centraux peuvent être subdivisés en arguments secondaires qui fournissent des explications additionnelles ou des exemples ;
- la conclusion : la dernière phrase confirme l'idée principale.

---

4. Centre collégial de développement de matériel didactique. *Stratégies d'autocorrection, Fiche d'autocorrection : Paragraphe*, [www.protic.net/profs/stephanie/francais/paragraphe.pdf] (document consulté le 20 février 2011).

Dans le court paragraphe suivant, voyons l'idée principale, suivie des arguments centraux et secondaires avant d'en arriver à la conclusion. Le sujet est simple et le découpage, facile.

Trois raisons font que le Canada est reconnu comme l'un des meilleurs pays où vivre. D'abord, le Canada a un excellent système de santé. Tous les Canadiens et Canadiennes ont accès à des soins médicaux à un coût raisonnable. Ensuite, le Canada a un haut niveau d'éducation. Les enseignantes et enseignants sont compétents et les élèves sont encouragés à entreprendre des études universitaires. Enfin, les villes répondent aux besoins de la population pour ce qui est de l'hygiène et de l'espace vital. Tout le monde désire vivre dans un endroit comme le Canada.

IDÉE PRINCIPALE	Trois raisons font que le Canada est reconnu comme l'un des meilleurs pays où vivre.	
	ARGUMENTS CENTRAUX	**ARGUMENTS SECONDAIRES**
	D'abord, le Canada a un excellent système de santé.	Tous les Canadiens et Canadiennes ont accès à des soins médicaux à un coût raisonnable.
	Ensuite, le Canada a un haut niveau d'éducation.	Les enseignantes et enseignants sont compétents et les élèves sont encouragés à entreprendre des études universitaires.
	Enfin, les villes répondent aux besoins de la population pour ce qui est de l'hygiène et de l'espace vital.	
CONCLUSION	Tout le monde désire vivre dans un endroit comme le Canada.	

Voici maintenant quelques exemples tirés de modèles de rapports.

La maltraitance envers les enfants

Il n'est pas nécessaire d'accumuler beaucoup de preuves de maltraitance avant d'effectuer un signalement. En général, lorsqu'on a trois raisons de croire à de la maltraitance, que ce soit par l'apparition soudaine de blessures, par un changement radical dans le comportement de l'enfant ou encore par une régression soudaine, il y a lieu de le signaler à la Direction de la protection de la jeunesse. Par contre, il ne faut pas attendre trois signes si un seul est assez sérieux pour qu'on doive le signaler immédiatement, comme quand un enfant affirme lui-même être maltraité. Il ne faut pas trop attendre pour effectuer un signalement puisque, même si l'on n'a pas beaucoup de preuves, d'autres personnes peuvent avoir déjà déposé des plaintes à la Direction de la protection de la jeunesse et la nôtre permettra de faire avancer les choses. Lorsqu'on soupçonne qu'il y a maltraitance, on se doit de faire un signalement.

Le virage à droite au feu rouge

Le virage à droite est moins dangereux que prévu ! En effet, le ministère des Transports avait prédit que le changement de réglementation entraînerait environ 500 accidents. Dans les faits, le virage à droite au feu rouge a été à l'origine de 270 accidents déclarés au Québec en 2003-2004. Aucun accident signalé n'a entraîné de décès. Parmi les blessés, on note une proportion importante de cyclistes, soit 31 %. La majorité des accidents impliquaient des voitures, mais les véhicules lourds ont été mêlés à 36 % des collisions. Une différence évidente sépare les prévisions de la réalité. Le ministre des Transports du Québec, M. Yvon Marcoux, a estimé qu'il s'agissait d'un bilan positif.

La gestion participative

La gestion participative exige d'impliquer le personnel. La libre circulation de l'information et la transparence du côté de la direction sont nécessaires. Cette forme de gestion demande au personnel d'effectuer les tâches routinières mais aussi d'apporter des idées quant au processus de production, de prévoir les pannes, de repérer les défauts de fabrication et de critiquer le mode de fonctionnement. Ces suggestions deviennent des ressources importantes pour l'entreprise afin de résoudre les problèmes, de diminuer les coûts et d'améliorer la qualité des produits et services. Le personnel, appelé à travailler en groupes autonomes, connaît les objectifs à atteindre. Il planifie, exécute et contrôle le travail, d'où une plus grande efficacité. La participation du personnel se révèle alors un atout majeur pour l'entreprise.

Le travail au noir

Parmi les raisons les plus souvent invoquées pour expliquer le travail au noir, deux refont régulièrement surface, basées sur les catégories de personnes concernées. La première catégorie est composée de personnes ayant un emploi et pour qui le travail au noir constitue un supplément moyen de 14 % au revenu total. La deuxième catégorie est composée de personnes sans emploi régulier qui, pour pouvoir joindre les deux bouts, ne déclarent pas une partie de leurs revenus, partie qui correspond à 84 % de leur revenu total. Évidemment, ces personnes ne visent pas le même objectif quand elles se font payer sous la table. Pour les unes, c'est un supplément ; pour les autres, c'est essentiel.

La révision d'un paragraphe – 1ʳᵉ partie

Dans le paragraphe suivant, une partie du texte n'est pas pertinente. Relevez les arguments centraux et secondaires se rapportant à l'idée principale afin de déterminer la partie du texte à éliminer.

Le Québec présente l'un des taux de leucémie infantile les plus élevés du monde. Depuis 1979, plusieurs études épidémiologiques ont établi un lien entre l'augmentation du risque de leucémie chez les enfants et leur exposition chronique (plusieurs heures par jour et à long terme) à un champ magnétique d'au moins 2 mG (milligauss). Selon Hydro-Québec, quelque 15 % des enfants canadiens et de 30 à 40 % des Québécoises et Québécois sont couramment exposés à un champ magnétique d'au moins 2 mG. En Italie, le ministère de l'Environnement vient d'ailleurs de proposer une telle limite d'exposition pour les nouvelles écoles, garderies et aires de jeux. Plusieurs médecins de l'Université de Bristol, en Grande-Bretagne, ont admis que les lignes à haute tension causent des problèmes, car leur magnétisme attire des polluants atmosphériques cancérigènes, dont le benzène émis par les voitures. Il importe de souligner que les additifs alimentaires font l'objet de tests afin de vérifier leur innocuité avant que Santé Canada considère d'en approuver l'emploi. Si un additif alimentaire se révèle nocif pour la santé, il est retiré du marché. En outre, les enfants qui vivent dans une habitation autour de laquelle on épand des pesticides ont plus de risques de contracter la leucémie, maladie dont les principales causes sont encore méconnues ; c'est pourquoi plusieurs entreprises procèdent maintenant à un entretien écologique de la pelouse. Une recherche approfondie sur les causes du cancer du sang chez les enfants devient donc impérative.

IDÉE PRINCIPALE	Le taux très élevé de leucémie chez les enfants québécois	
	ARGUMENTS CENTRAUX	**ARGUMENTS SECONDAIRES**
CONCLUSION	La recherche sur les causes de la leucémie infantile doit se poursuivre.	

La révision d'un paragraphe – 2ᵉ partie

Le paragraphe ci-dessous comprend une phrase inutile, c'est-à-dire qui n'est pas reliée à l'idée principale du texte. Analysez le texte et biffez la phrase en question.

Les médicaments et les produits naturels sont en compétition ouverte, ce qui requiert une vigilance accrue de la population. D'une part, l'industrie pharmaceutique a pour mission de mettre au point des médicaments toujours plus efficaces et de les diffuser partout où ils peuvent contribuer à la santé des populations. Les médicaments en vente libre peuvent être publicisés, ce qui a pour effet d'en accroître la consommation, mais pas les médicaments vendus sous ordonnance. Les médicaments en vente libre sont facilement accessibles, mais peuvent être dangereux lorsqu'ils sont pris avec d'autres médicaments. Par exemple, un médicament contre le rhume peut contenir le même ingrédient actif qu'un analgésique et, pris en même temps, ils peuvent causer des effets secondaires importants. Les renseignements donnés sur les étiquettes des médicaments en vente libre doivent être lus et pris au sérieux, tout comme pour les médicaments délivrés sous ordonnance. Un médicament générique est une copie d'un médicament original, produite lorsque le brevet du médicament original est expiré, qui se vend à un coût moindre. D'autre part, beaucoup de gens croient aux vertus des plantes, utilisées depuis toujours pour guérir diverses maladies. La publicité présente les produits naturels comme étant exempts de substances chimiques, lesquelles produisent des effets indésirables dans l'organisme. Cependant, les produits naturels ne contiennent pas toujours les substances inscrites sur l'étiquette, car cette industrie n'est pas scrutée à la loupe comme celle des médicaments. Les produits naturels peuvent eux aussi occasionner de graves problèmes s'ils sont mélangés à d'autres produits ou médicaments. Par exemple, la valériane décuple l'effet de l'alcool, le ginkgo amplifie l'effet anticoagulant de l'aspirine et le ginseng nuit à l'action des anticoagulants et des anti-inflammatoires. Qu'il s'agisse d'un produit naturel ou d'un médicament en vente libre ou vendu sous ordonnance, on doit s'informer de ses composants et de ses effets secondaires, lire l'étiquette et se conformer aux indications avant d'en consommer.

IDÉE PRINCIPALE	Les médicaments et les produits naturels sont en compétition ouverte, ce qui requiert une vigilance accrue de la population.	
	ARGUMENTS CENTRAUX	**ARGUMENTS SECONDAIRES**
MÉDICAMENTS		
PRODUITS NATURELS		
CONCLUSION	S'informer des composants et des effets secondaires, lire l'étiquette et se conformer aux indications avant d'en consommer.	

2.2 Les résumés

Un résumé est la recomposition d'un texte, pour en exprimer les idées avec des mots différents dans un espace limité, sans en modifier le sens. C'est en fait un « modèle réduit » fidèle à l'original. Un résumé ne doit rien ajouter au contenu de départ. Son but est de capter l'attention et de fournir une information pratiquement instantanée. Pour le composer, vous devez découvrir la structure du texte en reconstituant le plan. Dégagez d'abord son idée principale, puis relisez-le au complet au moins deux fois pour bien le comprendre tout en vous interrogeant sur le sens des mots. Vous pouvez surligner les parties de phrases ou mots qui vous semblent importants. Suivez fidèlement l'ordre du texte. Ensuite, refaites le plan en isolant l'argument central de chaque paragraphe et les arguments secondaires, s'il y a lieu.

FIGURE 2.1 Le plan d'un résumé

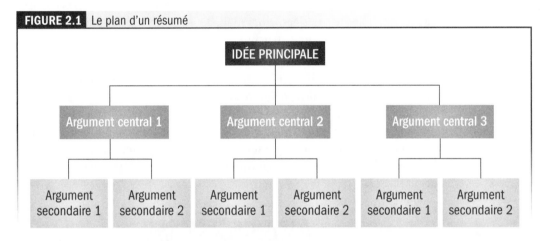

À partir du plan, recomposez le texte dans vos propres mots en reflétant fidèlement l'importance des arguments du texte d'origine. Il ne s'agit pas d'assembler des phrases sélectionnées ni d'en juxtaposer quelques-unes prises au hasard. Par ailleurs, un bout de phrase, une expression ou un mot peuvent être repris occasionnellement. Ne reproduisez pas les exemples et les citations ; éliminez les répétitions, les descriptions et certaines précisions secondaires. Évitez les parenthèses, les « etc. » et les points de suspension, à moins qu'ils ne traduisent exactement le message que le rédacteur ou la rédactrice a voulu faire passer. Vous supprimerez les articles dans une énumération de noms, par exemple, ou vous choisirez le participe présent à certains endroits, ou encore vous emploierez des mots « économiseurs de texte ».

Formules trop longues	Formules courtes
La rédactrice affirme dans cet article	Selon la rédactrice
En raison du manque de compétence	Faute de compétence
Il ne faut pas oublier que	Sans oublier
Il faut conclure en affirmant que	En conclusion
Nous sommes convaincus que la mise sur pied de telles mesures	De telles mesures

Un exemple de résumé

Texte de départ (224 mots)

Il n'arrête pas un instant[5] !

D'où vient la formidable énergie qui anime les bambins alors que nous parents, sommes épuisés rien qu'à les observer ? N'ayez crainte, votre enfant n'est pas hyperactif s'il trottine, bondit et galope pendant des heures. C'est une question de pulsion vitale car jusqu'à l'âge de 6 ans, «la motricité constitue un élément majeur de son développement». Pour le parent d'un enfant qui bouge beaucoup, il est peut-être bon de prendre le temps de l'observer. Un enfant fatigué aura tendance à s'exciter et à avoir des difficultés à s'abandonner au sommeil. Et si le jeune enfant vit dans un milieu où ça n'arrête jamais, il y a de fortes chances que lui aussi, n'arrête pas ! Il est alors souhaitable d'imposer des limites claires et d'instaurer des routines pour structurer et sécuriser l'enfant.

Lorsque celui-ci semble avoir de la difficulté à canaliser son énergie, pourquoi ne pas vous joindre à lui et effectuer une activité qui pourra vous procurer à tous les deux bien du plaisir : peinture aux doigts, pâte à modeler, pause-lecture. Et si votre enfant devient réellement trop turbulent, c'est peut-être le temps d'imposer une minute de silence, d'écouter de la musique calme ou de le bercer tout simplement. Rappelons-nous que sur tous les enfants que l'on surnomme hyperactifs, seuls 3 % à 5 % seront diagnostiqués comme tels. À vos marques, prêts, bougez !

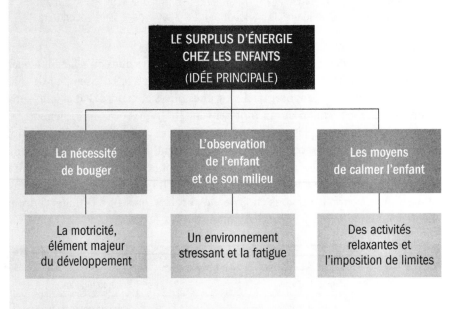

Conclusion : Très peu d'enfants sont vraiment hyperactifs.

---

5. Sylvie Louis. «Il n'arrête pas un instant !», *Enfants Québec*, vol. 13, n° 5, février-mars 2001 (version abrégée par Marie-France Bourbeau), [www.enfantsquebec.com/index. php?option=com_content&task=view&id=1885&Itemid=365] (page consultée le 1er juin 2011).

Résumé du texte de départ

Première version (100 mots)

Les enfants ont beaucoup d'énergie à dépenser ; il est donc normal qu'ils bougent sans arrêt. Cette débordante activité fait partie de leur développement global jusqu'à six ans. Cependant, si un enfant est trop agité, les parents devraient l'observer afin de déceler ce qui ne va pas. Lorsque l'enfant est trop excité ou ne dépense pas bien son énergie, les parents devraient tenir compte de son degré de fatigue et de son environnement pour le calmer, proposer des activités relaxantes ou imposer une certaine discipline. Il faut savoir que, parmi les enfants étiquetés comme hyperactifs, 5 % seulement le sont vraiment.

Deuxième version (100 mots)

Les enfants ont de l'énergie à revendre comparativement à leurs parents. C'est essentiel et normal pour eux de bouger beaucoup, surtout jusqu'à l'âge de six ans. Au besoin, il serait bénéfique de les observer afin de les calmer. Dans un environnement agité, l'enfant a tendance à remuer davantage. Dans ce cas, il s'excite et se fatigue. Un resserrement de la discipline et l'instauration de limites favoriseraient la détente. Pour diminuer sa dépense énergétique, une activité relaxante comme écouter de la musique ou bercer l'enfant serait appropriée. Évidemment, même si les enfants sont turbulents, dites-vous qu'environ 5 % seulement souffrent d'hyperactivité.

Note : Le logiciel de traitement de texte est très utile pour connaître le nombre de mots d'un texte ; il suffit de sélectionner le passage et de vérifier la barre d'état en bas de l'écran ou d'utiliser la fonction Outils (choisir Statistiques ou Compte de mots).

Le résumé de texte

Résumez ce texte d'environ 340 mots au quart de sa longeur (environ 85 mots).

Trop de bruit dans les garderies[6] ?

Saviez-vous que le haut niveau de bruit à la garderie peut nuire aux apprentissages des enfants ? Il y a quelques années, des chercheurs ont mesuré les niveaux de bruit dans des garderies de la région de Montréal. Le résultat ? Des niveaux de bruit s'échelonnant entre 66 et 94 dBA qui constitue, soit dit en passant, le niveau sonore d'une discothèque.

Les éducateurs exposés à des intensités dangereuses

Heureusement, l'enfant ne devrait pas être exposé à ces intensités dangereuses suffisamment longtemps pour qu'elles constituent une menace de surdité professionnelle, laquelle ne survient qu'au cours de décennies d'exposition. Par contre, pour les éducateurs qui passent une bonne partie de leur vie dans cet environnement, les risques d'en souffrir sont plus grands.

Voici des solutions pratiques pour protéger les tout-petits :

- Utilisez des jouets moins bruyants, dont les roues sont de caoutchouc au lieu de plastique dur, par exemple.
- Isolez le coin réservé au jeu à l'aide de tapis de gymnastique en caoutchouc.
- Aménagez des îlots isolés qui seront destinés à différents types d'activité, comme la lecture, le jeu, l'ordinateur et la communication verbale.
- Comme l'essentiel du bruit est généré par les enfants, créez, par des techniques d'animation, des moments d'attention silencieuse où la communication verbale devient possible.

Pour ce qui est de l'école, la pédagogie par projets, qui favorise l'apprentissage en équipe, est maintenant pointée du doigt pour l'augmentation du bruit généré dans la classe. Et pour les enfants qui éprouvent des difficultés d'apprentissage, évoluer dans un milieu bruyant ne peut qu'exacerber les problèmes.

Diminuer le bruit au quotidien

Une solution ? Plusieurs écoles ont recouvert les pieds de leurs chaises de... balles de tennis ! Les enfants remarquent immédiatement le bénéfice qu'ils retirent d'une diminution de bruit au quotidien. Le résultat étant très encourageant, plusieurs écoles ont emboîté le pas. Il faut aussi promouvoir des attitudes éducatives qui invitent les enfants au contrôle de soi (écouter en regardant son interlocuteur, par exemple, ou s'approcher pour parler à quelqu'un). Des attitudes qui peuvent être autant bénéfiques en milieu de garde qu'à la maison.

---

6. Pauline GRAVEL. « Brouhaha à la garderie », *Enfants Québec*, vol. 14, n° 3, novembre 2001 (version abrégée par Marie-France Bourbeau), [www.enfantsquebec.com/index.php ?option=com_content&task=view&id=559&Itemid=91] (page consultée le 1er juin 2011).

CHAPITRE 3

Les comptes rendus, les procès-verbaux et les procédures

OBJECTIF

Rédiger des comptes rendus, des procès-verbaux et des procédures

- Différencier le compte rendu du procès-verbal
- Connaître les règles des réunions
- Connaître le vocabulaire et les formules du procès-verbal
- Établir une procédure
- Mettre les documents en forme

Avant d'entreprendre la rédaction de rapports, nous verrons certains documents administratifs couramment utilisés dans les bureaux. Le compte rendu requiert la prise de notes[7] et la sélection de l'information pertinente. Le procès-verbal, document complexe qui exige des connaissances sur la tenue de réunions, présente un vocabulaire et des formulations de phrases spécifiques. Ce chapitre se conclura par la rédaction de procédures.

3.1 Les comptes rendus

Le compte rendu est une forme de rapport de longueur variable, qui relate chronologiquement le déroulement et le contenu d'événements ou de présentations. En général, le compte rendu adopte une structure séquentielle, c'est-à-dire que les faits sont détaillés selon l'ordre dans lequel ils se sont produits. On peut faire le compte rendu de réunions, de visites, de conférences, d'accidents, de travaux, d'évaluation de produits ou services, ou encore d'émissions télévisées, de films ou d'écrits littéraires. Le compte rendu n'a pas de caractère officiel. C'est pour cette raison qu'on parle de réunion et non pas de séance, terme réservé au procès-verbal. C'est un récit impersonnel, et l'objectivité constitue sa qualité première. Il présente les personnes impliquées, la date et l'endroit de l'événement, la description du mandat ou le but de la réunion, les décisions prises, ou encore les conclusions ou les résultats auxquels on est arrivé.

Le compte rendu prend la forme d'un texte continu; les paragraphes ne sont pas subdivisés au moyen d'intertitres, à moins que le document relate des réunions. L'introduction donne les raisons justifiant la production du rapport, la conclusion évalue le travail exécuté (exhaustif ou superficiel) ou met en lumière les principaux points retenus, les résultats du mandat ou les tâches à accomplir à la suite de ce rapport. Le présent ou le passé peut être utilisé pour autant que l'on s'en tienne toujours au même temps du verbe. Le compte rendu ne comprend pas la formule de politesse ou de salutation habituellement incluse dans la lettre.

Des modèles de comptes rendus

Voici un exemple d'avis de convocation à une réunion, suivi d'une lettre transmettant le compte rendu de cette réunion. Suivent deux comptes rendus d'une émission télévisée, ainsi qu'un compte rendu de conférence.

---

7. Pour s'exercer à la prise de notes, on peut choisir des extraits d'émissions de télévision comme *Découverte* (Radio-Canada) ou *La vie en vert* (Télé-Québec).

Un exemple d'avis de convocation

COMITÉ DES PARENTS

ÉCOLE SECONDAIRE D'YOUVILLE | 321, rue des Pinsons
Lévis (Québec) G6V 6Z9

Lévis, le 7 octobre 2010

Chers parents,

Vous êtes priés d'assister à une réunion extraordinaire du comité des parents de l'École secondaire d'Youville, qui aura lieu le 13 octobre 2010, de 19 h 30 à 21 h 30, à l'École secondaire d'Youville, salle A-207.

La tenue de cette réunion s'avère impérative étant donné les nombreuses manifestations de violence (agressions, port de couteaux, langage injurieux) et les comportements racistes observés dans notre école dernièrement. Nous avons de bonnes raisons de croire qu'une cause plus sérieuse se cache derrière ces comportements. Nous ne pouvons tolérer plus longtemps cette situation qui pourrait accroître la tension chez les élèves et le personnel enseignant, et du même coup saper la motivation à apprendre et à enseigner. Voici l'ordre du jour :

1. Ouverture de la réunion ;
2. Lecture et adoption de l'ordre du jour ;
3. Discussion : violence et comportements racistes à l'école ;
4. Date de la réunion avec le personnel administratif ;
5. Levée de la réunion.

Nous comptons sur votre présence afin que nous puissions prendre les décisions qui s'imposent. Nous attendons vos propositions afin de freiner cette montée de violence à l'intérieur de nos murs.

Le secrétaire,

Hubert Tremblay

Un exemple de compte rendu de réunion

COMITÉ DES PARENTS

ÉCOLE SECONDAIRE D'YOUVILLE | 321, rue des Pinsons
Lévis (Québec) G6V 6Z9

HT/nv

COMPTE RENDU DE LA RÉUNION EXTRAORDINAIRE DU COMITÉ DES PARENTS TENUE LE 13 OCTOBRE 2010, DE 19 H 30 À 21 H 30, À L'ÉCOLE SECONDAIRE D'YOUVILLE, SALLE A-207

Après un rappel de l'objectif de la réunion extraordinaire, le président procède à l'analyse du problème en demandant aux 17 membres présents de collaborer. Il s'agit de rechercher différentes solutions, partant du constat que les actes de violence sont probablement attribuables aux différences culturelles.

Le groupe établit des critères pour évaluer les solutions qui seront proposées, soit : inclure la participation des élèves, des responsables de la vie scolaire et du personnel enseignant ; faire en sorte que les solutions se déroulent pendant les activités scolaires ou parascolaires ; trouver des solutions qui n'entraînent pas de coûts additionnels.

Voici les solutions retenues : mettre sur pied un comité d'action sociale et rallier des personnes qui travaillent à la radio étudiante et dans le journal étudiant afin qu'elles y traitent du sujet de la violence dans notre école. Le plan d'action sera établi avec les responsables de l'administration scolaire.

Le président demande que cette réunion soit évaluée en fonction de 20 conditions relatives à la prise de décision. Il en ressort un taux de satisfaction d'environ 80 %.

La rencontre avec le personnel administratif de l'école est fixée au 25 octobre, et la réunion est levée à l'heure prévue.

Le président,

Denis Marcil

Premier exemple de compte rendu d'émission télévisée

DM/nv

COMPTE RENDU DE L'ÉMISSION *ENJEUX* PRÉSENTÉE LE MERCREDI 7 SEPTEMBRE 2004

Cette émission, animée par M. Pierre Maisonneuve, portait sur la fin du mythe des espaces inviolés, et plus particulièrement sur le Parc national du Mont-Tremblant, qui a atteint un niveau élevé de popularité grâce à sa station de ski. De ce fait, ce parc centenaire a subi de nombreuses amputations. Le manque de vigilance et de planification des responsables et le non-respect de l'environnement ont eu de graves répercussions sur ce site fragilisé de plus par l'exploitation forestière.

On a autorisé l'accès des motoneiges à l'une des zones de préservation, sans mettre en place aucun contrôle sur leurs entrées et sorties. Par ailleurs, aucune étude n'a été réalisée pour mesurer l'impact de tels engins sur la faune et la flore. Selon M. George Arsenault, sous-ministre adjoint à la Ressource faunique et aux Parcs du Québec, on cherche maintenant à éloigner les motoneigistes.

Il existe également une zone de récréation comprenant 1 200 emplacements qui peuvent accueillir annuellement 120 000 adeptes du camping. L'aménagement de ces emplacements date de 1950, ce qui a entraîné la dégradation du parterre et de la rive, sans parler de l'accumulation des déchets.

Dans un autre ordre d'idées, on compte 400 lacs dans le parc du Mont-Tremblant. Depuis 1981, l'ensemencement a été réduit de 80 %. La productivité des lacs baisse donc, et le tirage au sort entre les pêcheurs et pêcheuses est devenu une exigence.

Au point de vue de la sécurité, la police se trouve à 60 km du parc. Sept agents de conservation de la faune couvrent ce vaste territoire. Ces agents passent 40 % de leur temps à la rédaction de rapports. Leur absence sur le terrain rend ainsi la tentation plus forte pour le braconnage.

Laboratoire vivant pour la faune et la flore, le parc conserve des éléments représentatifs et exceptionnels des régions naturelles du Québec. On devine la présence de 48 espèces de mammifères en danger de disparition, mais on ne mène aucune enquête sur la question.

En 1981, le parc a perdu la moitié de son territoire. Au nord, on permet la coupe forestière et la chasse. Au sud, les amoncellements de déchets toxiques empêchent la tenue d'activités récréatives. La solution consiste dans le nettoyage et le reboisement, mais il faudrait pour cela y mettre le prix, objectif plus ou moins réaliste étant donné la réduction du budget consacré au Parc national du Mont-Tremblant.

Deuxième exemple de compte rendu d'émission télévisée

COMPTE RENDU DE L'ÉMISSION *DÉCOUVERTE* PRÉSENTÉE LE DIMANCHE 10 SEPTEMBRE 2000

Cette émission, animée par M. Charles Tisseyre, portait sur la tomate, et plus précisément sur le lycopène, substance contenue dans ce fruit. Le lycopène est le pigment qui donne à la tomate sa belle couleur rouge. Selon certaines études, le lycopène protégerait contre les maladies cardiaques et certains types de cancer.

Le lycopène fait partie de la famille des caroténoïdes, au même titre que le bêtacarotène. Ces antioxydants s'attaquent aux radicaux libres, molécules en partie responsables du vieillissement, de certaines maladies coronariennes ou de cancers. On en trouve dans d'autres fruits comme le pamplemousse rose ou la pastèque, mais c'est la tomate qui en contient le plus. En 1989, une étude allemande affirmait que le lycopène était l'antioxydant le plus puissant, davantage encore que le bêtacarotène.

Lorsqu'on cuit les fruits et légumes, la chaleur tue des éléments nutritifs. Dans le cas de la tomate, c'est tout le contraire. Les recherches de l'équipe du professeur Venket Rao de l'Université de Toronto ont démontré que la chaleur joue un rôle positif dans le cas du lycopène, présent dans l'enveloppe cellulaire. Lorsqu'on chauffe la tomate, les parois des cellules se brisent et le lycopène est libéré. Si on veut qu'il protège des maladies comme le cancer, il doit être bien absorbé. Donc, les produits dérivés de la tomate sont meilleurs, non pas qu'ils contiennent plus de lycopène, mais parce que celui-ci est plus facilement assimilé par le corps. On a analysé le taux de lycopène dans la tomate et dans plusieurs de ses produits dérivés. C'est la pâte de tomate qui en contient le plus. On a aussi découvert que le lycopène est liposoluble. L'huile d'olive ou un autre corps gras est nécessaire à son absorption par l'organisme. Une fois ingéré, le lycopène est récupéré par des molécules appelées lipoprotéines, qui le transportent ensuite aux différents tissus.

L'effet préventif du lycopène sur plusieurs cancers, dont celui de la prostate (l'un des plus meurtriers en Amérique du Nord), retient l'attention. Une étude réalisée en 1995 auprès de 48 000 hommes quant à leur consommation de fruits et légumes a démontré que le risque de cancer de la prostate était diminué de 21 % chez ceux qui mangeaient plus de produits à base de tomates.

Mme Marielle Ledoux, nutritionniste à l'Université de Montréal, apporte certaines nuances. Lorsqu'il est question des effets positifs d'une substance sur la santé ou sur la prévention du cancer ou des maladies cardiovasculaires, il faut tenir compte du fait que, la plupart du temps, les aliments ne contiennent pas qu'un nutriment ou qu'un élément potentiellement bénéfique sur la santé.

Plusieurs autres recherches en cours portent sur la relation entre le lycopène et les cancers du sein et du côlon, l'ostéoporose ou encore les maladies cardiaques.

Un exemple de compte rendu de conférence

COMPTE RENDU D'UNE CONFÉRENCE SUR LA VIOLENCE FAITE AUX ENFANTS

Cette conférence a été donnée le mardi 13 juin 2006 par Mmes Karine Godbout et Josée Bastien, représentantes de l'organisme communautaire Espace Chaudière-Appalaches, aux étudiants et étudiantes en Techniques d'éducation à l'enfance du Cégep de Lévis-Lauzon. Le terme «Espace», dans le nom de l'organisme, réfère au fait que chaque enfant a droit à un espace vital et qu'il lui appartient de déterminer l'espace dont il ou elle a besoin pour se sentir à l'aise et en sécurité. Cet espace peut varier d'un enfant à l'autre, selon les circonstances et l'entourage.

Parlant sans texte et utilisant une présentation informatisée, les conférencières ont retenu l'attention de l'auditoire pendant près de deux heures. À partir d'un document de 18 pages remis à leur public, elles ont commenté le contenu de leur rencontre dans un langage simple.

Elles ont abordé le problème de la violence, et plus particulièrement les facteurs de vulnérabilité, les indices de stress et l'intervention en situation de dévoilement, avant de présenter les ressources possibles. Selon elles, la violence peut se présenter sous forme psychologique, verbale, physique ou sexuelle. Dans la plupart des cas, elle peut être décrite comme un abus de pouvoir commis par un proche.

Elles ont insisté sur le fait que le manque d'information des enfants à ce sujet les rend vulnérables. Par des visites dans les garderies et les écoles et à l'aide de courts scénarios, elles présentent des situations potentiellement dangereuses et préparent les enfants à réagir en abordant la notion de droits fondamentaux tels que le besoin de sécurité et de liberté. Visant à contrecarrer les facteurs de vulnérabilité que sont le manque d'information des enfants, leur dépendance vis-à-vis des adultes et leur isolement social, les ateliers sensibilisent enfants et adultes en vue de prévenir la violence faite aux enfants.

Mmes Godbout et Bastien ont terminé leur conférence en soulignant que la solution au problème de la violence envers les enfants réside dans la prévention auprès des enfants de tous les âges, des éducateurs et éducatrices ainsi que des parents. Cette prévention devrait s'effectuer de façon progressive par le jeu, les ateliers et les discussions avec les enfants. À la fin de la conférence, de l'information additionnelle a été remise au public sous forme de dépliants, et une invitation à devenir membre de l'organisme a été lancée.

3.2 Les procès-verbaux

Le procès-verbal est le compte rendu écrit et officiel d'une séance ou d'une assemblée, présenté suivant certaines règles. Tous les organismes, tels que les conseils municipaux, les organismes de bienfaisance, les associations et les syndicats, doivent adopter des règles officielles pour la tenue de leurs assemblées générales ordinaires et extraordinaires ou de leurs séances afin d'assurer le bon déroulement et l'efficacité de leurs délibérations. Ces règles d'ordre proviennent la plupart du temps du *Code Morin*[8], dont la première édition remonte à 1938. Elles peuvent être adoptées telles quelles par une association ou une entreprise, mais elles peuvent également être adaptées à leurs besoins. Les sociétés décrètent leur adoption par règlement. En cas de divergence d'opinions sur la façon de procéder, la personne qui préside la séance décide à la lumière des règles établies, mais l'assemblée peut en appeler.

Le procès-verbal, soumis à ces règles, doit être lu et approuvé par les membres, et signé par le ou la secrétaire et le président ou la présidente, à la séance subséquente; il arrive qu'il ne soit signé que par le ou la secrétaire. Parfois le procès-verbal est signé séance tenante, en séance extraordinaire, pour régler une question urgente. Le document doit pouvoir être consulté en tout temps par les membres ou les actionnaires. Les interventions faites par les membres doivent être inscrites au procès-verbal, les points d'accord et de désaccord y étant consignés. Le rédacteur ou la rédactrice doit rapporter ce qui s'est passé pendant la séance, de façon impersonnelle, sans interpréter les propos tenus. Le procès-verbal ne doit contenir aucune remarque personnelle, mais plutôt rapporter les faits de façon objective. Ce document résume les choses importantes ayant trait au débat. On ne doit donc retenir que l'utile, dans une forme condensée. On doit décrire les faits de façon sobre et concise en utilisant le mot juste et en rédigeant des phrases brèves et claires. Les membres peuvent demander des corrections ou des modifications au texte du procès-verbal, au cours de la séance subséquente.

Le procès-verbal se rédige au présent de l'indicatif, avec des pronoms impersonnels; le *je* et le *nous* sont à éviter (sauf si l'on rapporte les propos d'une personne entre guillemets). Aucune transition ne doit être faite entre les paragraphes, comme dans un rapport. Les titres de civilité (M., Mme ou Mme) doivent être insérés devant les noms. Il est de plus en plus fréquent d'afficher les ordres du jour et les procès-verbaux sur Internet, où tous les documents afférents deviennent disponibles en cliquant sur des hyperliens, ce qui permet d'économiser du temps et du papier. Les municipalités, les collèges, les écoles et les associations, entre autres, adoptent cette façon de faire. Par exemple, allez voir sur le site Web de la Ville de Québec (ville.quebec.qc.ca, section « À propos de la ville ») pour accéder aux procès-verbaux et même aux vidéos des séances du conseil (onglet « Calendrier des séances »). Continuez votre recherche en allant sur le site de la Commission scolaire de la Seigneurie-des-Mille-Îles (cssmi.qc.ca) pour consulter d'autres exemples de procès-verbaux.

---

8. Victor MORIN (mise à jour par Michel DELORME). *Code Morin : procédure des assemblées délibérantes*, Laval, Éditions Beauchemin, 1994, 156 p.

Certains organismes choisissent de présenter l'ordre du jour et le procès-verbal sous forme de tableaux. Voyez l'exemple ci-après :

TABLEAU 3.1 Un exemple d'ordre du jour présenté sous forme de tableau

Ordre du jour Séance du 21 février 2011						
N°	Sujet	Temps prévu	Porteur du dossier	Résultats attendus	Documentation requise	Suites
1	Lecture et adoption de l'ordre du jour	5 min	Président	Adoption	Avis de convocation	
2	Nomination à la présidence des débats	5 min	Président	Nomination		
3	Dépôt de documents	5 min	Secrétaire		Pièces jointes ou déposées sur place	

Voyons maintenant les principaux éléments d'un procès-verbal, qu'il soit traditionnel ou virtuel :

TABLEAU 3.2 Les éléments du procès-verbal

Le titre du document (« Procès-verbal »)
Le type de réunion (assemblée générale ordinaire ou extraordinaire, ou séance ordinaire, extraordinaire, mensuelle ou annuelle)
La date de la tenue, l'heure du début et de la fin de la séance et le lieu
La transcription du projet d'ordre du jour tel qu'il a été soumis aux membres (préférable)
Les présences et absences (motivées ou non), y compris les personnes invitées
L'approbation du procès-verbal de la séance précédente
Le libellé (titre donné aux points paraissant à l'ordre du jour modifié, s'il y a lieu)
Le nom dactylographié du président ou de la présidente et du ou de la secrétaire

Voici les informations principales pour la tenue des réunions et les règles à observer. Viennent ensuite la définition des documents obligatoires et le vocabulaire lié au procès-verbal, avec des exemples de formulation du texte.

L'assemblée délibérante

L'assemblée délibérante est une réunion convoquée pour étudier, discuter et débattre une question en vue de prendre une décision. Les personnes concernées sont informées de sa tenue par un avis de convocation et reçoivent préalablement le projet d'ordre du jour. Les participants et participantes assument des droits et des devoirs relatifs à leur rôle et doivent se soumettre à des règles de conduite pour assurer le bon déroulement de la réunion et son fonctionnement démocratique. Les séances peuvent être ordinaires, c'est-à-dire qu'elles se tiennent périodiquement et qu'elles traitent de sujets courants, ou extraordinaires, c'est-à-dire qu'elles traitent d'une question particulière qui ne peut attendre ; voilà pourquoi l'ordre du jour de ces dernières ne peut être modifié.

L'avis de convocation

L'avis de convocation est un document écrit informant les membres de la tenue d'une réunion ou d'une séance. Il doit être transmis généralement au moins cinq jours à l'avance. Les documents nécessaires doivent être transmis deux jours à l'avance afin que les membres puissent en prendre connaissance. Il mentionne la provenance, les destinataires, le type de réunion ou de séance (ordinaire, extraordinaire, hebdomadaire, mensuelle, annuelle), la date, l'heure et l'endroit où elle sera tenue. Il comprend généralement l'ordre du jour proposé. Cet avis est signé par le ou la secrétaire ou la personne qui organise la réunion ou la séance. Exceptionnellement, cette convocation peut être verbale, quand l'exige une situation urgente.

Voici un exemple de texte officiel d'avis de convocation comme il en paraît souvent dans les journaux :

> Avis est par les présentes donné que l'assemblée générale annuelle des membres de la Caisse populaire de... se tiendra le... à 20 h, à tel endroit, (*facultatif* : pour l'étude et l'adoption de son rapport annuel).

Voici deux exemples de texte transmis par lettre ou par courriel :

> Madame, Monsieur,
> Nous vous prions d'assister à la prochaine réunion du comité des loisirs de... qui aura lieu le... à 18 h, à tel endroit.

> À tous les membres,
> J'ai le plaisir de vous convoquer à la réunion mensuelle de la commission pédagogique qui se tiendra le... à 19 h 30, à la salle 205.

L'ordre du jour

L'ordre du jour correspond à la liste des points devant être traités lors d'une réunion ou d'une séance. Le président ou la présidente prépare généralement l'ordre du jour (le ou la secrétaire peut s'en occuper). En tout temps, les membres peuvent demander qu'un point soit inscrit à l'ordre du jour, mais certains points devront être reportés à une date ultérieure, compte tenu de la durée de la réunion. Il est de plus en plus courant de joindre l'ordre du jour à l'avis de convocation. Les principaux éléments de l'ordre du jour sont tous des points récursifs, c'est-à-dire qu'ils reviennent à chaque séance. La ponctuation des éléments de l'ordre du jour peut se présenter de deux façons : avec des points-virgules après chaque élément et un point final à la fin ou sans aucune ponctuation, tout simplement. Reproduire le projet d'ordre du jour au début du procès-verbal est recommandé. On parle de projet, étant donné que l'ordre du jour n'a pas encore été adopté. Dans le cas d'une assemblée générale extraordinaire, on n'emploie pas le mot « projet », car aucun changement ne pourra être apporté à l'ordre du jour.

TABLEAU 3.3 Les éléments de l'ordre du jour

Ouverture de la séance (peut inclure un mot de bienvenue, la constatation du quorum, la présentation des participants et participantes s'ils se connaissent peu, la présentation des personnes invitées, selon le cas)
Nomination d'un président ou d'une présidente de séance, et d'un ou d'une secrétaire de séance, s'il y a lieu (car ces personnes ont pu être déjà nommées pour une année complète)
Adoption (*ou* Lecture et adoption) de l'ordre du jour
Approbation (*ou* Lecture et approbation) du procès-verbal de la séance précédente
Suivi de la dernière séance
Dépôt des documents (*ou* Correspondance)
Affaires diverses (*ou* Questions diverses *ou* Sujets divers *ou* Autres sujets)
Date et lieu de la prochaine séance
Levée de la séance (*ou* Clôture de la séance)

Le déroulement d'une séance

Il est nécessaire de s'assurer du droit de présence ainsi que du nombre déterminé de membres (quorum), pour qu'une assemblée puisse délibérer. Le ou la secrétaire doit vérifier qu'il y a quorum tout au long de la séance. Si cette condition n'est pas remplie, on ne peut procéder. Il est d'usage d'écrire son nom à l'arrivée sur une feuille préparée à cet effet, ce qui permet de prendre les présences et de comparer le nombre de personnes et de votes, au besoin. Il faut proposer un président ou une présidente et un ou une secrétaire de séance. Très souvent, ces nominations sont faites pour une période déterminée, ce qui fait économiser du temps. Les rôles liés à ces titres sont définis ci-après.

L'ordre du jour doit maintenant être adopté. L'ordre des points peut être modifié, et les membres peuvent en ajouter, mais une fois l'ordre du jour adopté, il doit être respecté jusqu'à la fin. Certains organismes ont adopté une façon uniformisée de numéroter les points dans le procès-verbal. Voici les normes de numérotation publiées par M. Daniel Boisvert[9] :

TABLEAU 3.4 La numérotation des points dans un procès-verbal

Les deux derniers chiffres de l'année en cours paraissent d'abord. Séance du 9 septembre 2010	Le numéro de la séance au cours de cette année. C'est la onzième séance de l'année.	Le numéro correspondant au point à l'ordre du jour. Le point 3 correspond à *Lecture et approbation du procès-verbal de la séance du 9 août 2010*
10	11	03
10-11-03 Lecture et approbation du procès-verbal de la séance du 9 août 2010		

9. Daniel Boisvert. *Le procès-verbal et le compte rendu : des valeurs ajoutées à vos réunions,* Cap-Rouge, Presses Inter Universitaires, 1996, p. 42.

Lorsque, faute de temps, on ne peut aborder les derniers sujets, on ajourne la séance. On peut reprendre ces questions dans l'ordre à la séance suivante ou l'on peut établir un nouvel ordre du jour. Il s'agit ensuite de procéder à l'approbation du procès-verbal de la séance précédente. Évidemment, seules les personnes présentes à ladite réunion peuvent proposer ou appuyer l'approbation du procès-verbal. Le président ou la présidente attestera cette approbation en signant ce document ; le ou la secrétaire signera également. Si des corrections sont apportées au procès-verbal, elles seront paraphées séance tenante. Par exemple :

> « Je propose l'approbation du procès-verbal tel qu'il a été lu (tel qu'il a été rédigé). »

> « Je propose qu'une modification soit apportée au point 4, en remplaçant les mots "tous les mois" par "toutes les semaines". »

Le vocabulaire lié au procès-verbal

Ajournement

Report d'une séance à une date ultérieure. L'ajournement devient donc le dernier point de la séance. L'ajournement fait partie des propositions privilégiées, c'est-à-dire qu'elles ont priorité sur les autres propositions. Les points non encore vus peuvent ou non être reportés. Lorsqu'un ou plusieurs points sont reportés, la proposition d'ajournement devient proposition principale et l'on peut y apporter des amendements. Par exemple :

> Étant donné l'heure tardive (22 h 30), il est proposé par Mme X, appuyée par M. Y, d'ajourner la séance et de reporter cette question à l'ordre du jour de la prochaine réunion, qui aura lieu le 14 janvier 2010.

Il peut arriver, même si c'est beaucoup plus rare, qu'une proposition soit faite pour que la séance soit reprise un peu plus tard, non pas pour discuter mais pour prendre une pause ou un repas. Cette demande équivaut à une simple suspension, et on reprendra les points là où on les avait laissés. Par exemple :

> Après constatation des points encore inscrits à l'ordre du jour et du temps exigé, les membres décident de la suspension des travaux à 17 h et de leur reprise à 18 h 30.

> Les membres décident de suspendre la séance à 17 h pour la reprendre à 18 h 30.

Amendement

Modification apportée à une proposition, sans s'éloigner du sujet. Par exemple :

> Proposition :
> M. X, appuyé par M. Y, propose d'exiger la mention de ces gras sur tout emballage de produit alimentaire.
>
> Amendement :
> M. Z, appuyé par Mme X, propose d'ajouter, après le mot « alimentaire », « à compter de janvier 2011 ».

Les membres doivent disposer de l'amendement (prendre une décision à son sujet) avant de revenir à la proposition principale.

L'ajournement, le rappel à l'ordre ou l'appel d'une décision du président ou de la présidente sont des exemples de propositions qui ne peuvent être amendées (sauf pour l'ajournement lorsque des points sont reportés à une date déterminée), puisqu'il faut nécessairement les adopter ou les rejeter telles qu'elles sont présentées.

Assemblée délibérante

Réunion des membres d'un organisme ou d'un groupe d'intérêts, convoqués réguliè-rement pour délibérer d'affaires prévues à l'ordre du jour. Note : L'utilisation d'appareils d'enregistrement doit être autorisée par l'assemblée.

Assemblée générale extraordinaire

Assemblée convoquée par le conseil d'administration pour prendre des décisions importantes (par exemple, modifier les statuts de la société, se fusionner avec une autre entreprise, emprunter). L'ordre du jour ne peut être modifié.

Assemblée générale ordinaire (assemblée annuelle)

Assemblée réunissant au moins une fois l'an les membres d'un organisme ou les action-naires d'une société. Un rapport sur la gestion y est présenté, et l'on y approuve les états financiers. On élit les administrateurs et administratrices et on nomme le vérificateur ou la vérificatrice pour l'exercice financier à venir. On en profite également pour revoir les orientations de l'entreprise.

Avis de motion

Avertissement en vue d'informer qu'une proposition sera déposée lors d'une prochaine séance, afin que les membres ne soient pas pris par surprise et aient suffisamment de temps pour préparer leur argumentation. Ce peut être également une proposition en vue d'annuler une décision déjà prise, de reconsidérer un vote ou de modifier un rè-glement. L'avis de motion n'a pas besoin d'être appuyé. Une motion de dépôt peut être faite quand on veut qu'une proposition soumise à l'assemblée, mais non résolue (elle n'est ni acceptée, ni rejetée), soit reprise là où on l'a laissée, à une date déterminée.

Comité plénier

Pendant une séance, on peut demander une suspension pour permettre l'étude d'une question en grand groupe ou en petits groupes. La durée du comité plénier est fixée, et les discussions ne sont pas consignées au procès-verbal ; seul le résultat des discussions le sera. Cette proposition doit être appuyée. Par exemple :

> « Je propose que cette assemblée siège en comité plénier pour l'étude de ce point, pour une période de 20 minutes. »

Une personne autre que le président ou la présidente est chargée de rapporter à l'assemblée les résultats de la discussion. Par exemple :

> M. Talbot fait état des conclusions du comité plénier, soit : les personnes qui ont un nouvel employé sous leur autorité devront participer aux réunions de recrute-ment avec le directeur des ressources humaines.

Consensus

Accord entre plusieurs personnes; consentement, sans qu'il soit nécessairement unanime.

Considérant

Paragraphe qui précède une proposition pour en expliquer les motifs. Une proposition peut être précédée de plusieurs considérants. Par exemple:

> CONSIDÉRANT les effets nocifs des gras trans sur la santé;
>
> CONSIDÉRANT l'insuffisance d'étiquetage sur les produits alimentaires;
>
> Les membres conviennent d'exiger la mention de ces gras sur l'emballage de tout produit alimentaire.

La locution «Attendu que» est synonyme de «considérant». Le dernier «attendu que» peut être précédé d'une virgule. Par exemple:

> ATTENDU QUE les gras trans ont des effets nocifs sur la santé;
>
> ATTENDU QUE l'étiquetage des produits alimentaires est insuffisant,
>
> Il est proposé par M. X, appuyé par M. Y, d'exiger la mention de ces gras sur l'emballage de tout produit alimentaire.

Débat ou discussion

Échange d'idées avant l'adoption ou le rejet d'une proposition dans le cadre d'une assemblée délibérante.

Décorum

Ensemble des règles à observer (rester assis, ne pas prendre la parole sans autorisation, ne pas faire de bruit, lever la main avant d'intervenir, etc.). Les membres doivent se présenter à l'heure, s'adresser au président ou à la présidente et ne doivent pas interrompre la personne qui parle à moins que ce ne soit pour un rappel à l'ordre ou pour une proposition privilégiée. Tout membre a le droit de se plaindre d'un langage inconvenant, et une proposition peut être adoptée pour qu'on rapporte ces propos dans le texte du procès-verbal. L'assemblée pourra imposer une peine à la personne qui n'a pas affiché un comportement satisfaisant. Par exemple:

> «M. le président, je porte plainte contre la conduite de M. ou Mme X en ce qui a trait au droit de parole.»

Présences

On recommande d'inscrire le nom des personnes présentes ou absentes par ordre alphabétique au début du procès-verbal; on peut lister les femmes et les hommes séparément. Cependant, certains organismes préfèrent procéder par titre de fonction (président ou présidente, trésorier ou trésorière, etc.).

Voici, par exemple, comment procède le conseil de la Ville de Québec en 2010 (extrait de ville.quebec.qc.ca/docs/pv/conseil_municipal/pv_cm_1012221400.pdf):

> **Sont présents:** Monsieur le conseiller Jean-Marie Laliberté, président
>
> Madame la conseillère Lisette Lepage, vice-présidente
>
> Monsieur le maire Régis Labeaume

Mesdames les conseillères et messieurs les conseillers :

Christiane Bois	Michelle Morin-Doyle
Simon Brouard	Patrick Paquet
Yvon Bussières	François Picard
Richard Côté	Ginette Picard-Lavoie

[...]

Lorsque l'assemblée compte un trop grand nombre de membres, on joint une liste en annexe au procès-verbal.

Président ou présidente

Dans une séance, le rôle du président ou de la présidente est de diriger les débats (faire respecter les règles, recevoir les propositions et les soumettre à l'assemblée, procéder au vote et donner le résultat) et de signer les procès-verbaux. La présidente ou le président doit demeurer impartial et ne pas intervenir dans les débats, et ne vote que dans le cas de partage égal des voix. Dans ce dernier cas, il lui est possible également de demander un deuxième vote sans abstention. Pour intervenir à titre de membre de l'assemblée, le président ou la présidente doit abandonner la présidence et se faire remplacer momentanément par un autre membre. Il est parfois nécessaire de nommer une personne tout à fait indépendante de l'association ou de l'entreprise et dont le seul rôle est de voir à la bonne marche de la séance. Il ne faut pas confondre président des débats et président de l'organisme.

Proposition

Texte ou énoncé d'un membre sur un sujet pour discussion et adoption. La proposition doit être appuyée par un autre membre pour être retenue, sauf si l'organisme en a décidé autrement. Certains organismes se contentent d'écrire que la proposition a été appuyée sans mentionner le nom des personnes concernées, mais la plupart indiquent le nom de la personne qui a fait la proposition et celui de celle qui l'a appuyée (les prénoms sont facultatifs, à moins que deux noms de famille soient identiques). Elle devient alors une proposition principale, laquelle peut être amendée. L'amendement doit également être appuyé et peut être sous-amendé (le sous-amendement ne peut être amendé). Les membres doivent disposer du sous-amendement avant l'amendement. Une proposition peut être précédée des mots « considérant » ou « attendu que » suivis des justifications sur la décision à prendre.

Au bas de chaque proposition, on inscrira sur une ligne à part, par exemple :

ADOPTÉE À L'UNANIMITÉ OU ~~**ADOPTÉ À L'UNANIMITÉ**~~	Tout le monde est d'accord avec la proposition. Les membres peuvent avoir tout simplement répondu « oui » à la question du président ou de la présidente (ce qui constitue une façon de voter) ou encore avoir voté à main levée ou autrement.
ADOPTÉE À LA MAJORITÉ OU ~~**ADOPTÉ À LA MAJORITÉ**~~	Plus de la moitié des membres ont voté pour la proposition ; la majorité des deux tiers est parfois requise. On doit inscrire les résultats dans le procès-verbal : pour, contre et abstentions.
REJETÉE OU **REJETÉ**	La majorité ou les deux tiers des membres ont voté négativement à la proposition.

Certains organismes l'écrivent au féminin, considérant qu'il s'agit de la proposition. D'autres l'écrivent au masculin, considérant que l'énoncé signifie: « *Ceci* a été adopté. » Vous devez vous conformer à la façon de faire du bureau qui vous emploie. Par exemple:

> Après présentation du dossier et discussion entre les membres du CA, il est proposé par Mme Tremblay, appuyée par M. Beaudry, de mandater Barrette inc., Services-conseils en ressources humaines, pour analyser la situation actuelle de Voyages québécois et faire des recommandations concernant le marketing et les outils de communication afin d'augmenter les ventes et la clientèle. Le coût de ce mandat sera de 8 000 $.

La personne qui a fait la proposition peut la retirer en tout temps, avant le vote. Cependant, la proposition étant la propriété de l'assemblée, il faut le consentement de la personne qui l'a appuyée et celui de l'assemblée.

Proposition incidente

Pendant un débat, on peut demander une suspension pour présenter un document ou demander l'avis de spécialistes afin d'éclairer les membres. Le retrait d'une proposition peut également être proposé. La proposition incidente doit être appuyée et n'est pas susceptible d'amendements.

Proposition privilégiée

Demande spécifique pour rectifier des faits ou dénoncer un comportement ou des paroles (désordre, conditions matérielles, faute de quorum, demande de huis clos ou de vote secret, recomptage des votes). En raison de son importance ou de son urgence, elle a priorité sur les autres propositions, y compris l'ajournement (un ordre est établi pour les propositions privilégiées). Son examen ne peut être remis à plus tard. Elle peut être présentée n'importe quand, sauf lorsque le vote est en cours. Elle ne peut être amendée.

Question préalable

Proposition faite par un membre qui n'a pas participé à la discussion pour mettre fin au débat sur une question. Le président ou la présidente exige aussitôt le vote de l'assemblée sur l'arrêt des discussions. Pour être adoptée, cette proposition requiert les deux tiers des voix. Elle se formule ainsi par le président ou la présidente: « L'assemblée est-t-elle prête à voter ? » Lorsque la question préalable est rejetée, on doit attendre qu'au moins cinq membres aient pris la parole avant d'en présenter une nouvelle.

Quorum

Nombre minimum de personnes qui doivent être présentes pour qu'une assemblée puisse délibérer. Il est établi dans les règlements de l'organisme, mais il correspond généralement à la moitié plus un. Par exemple, un conseil d'administration composé de 12 membres pourrait établir son quorum à 7 personnes. Lorsque le quorum est atteint, le président ou la présidente peut ouvrir la séance. Il n'est pas obligatoire d'inscrire le quorum aux assemblées, à moins qu'il s'agisse d'une assemblée générale extraordinaire. Par exemple:

> ### Ouverture de la séance
> À 14 h 30, le quorum étant atteint, le président ouvre la séance.

Vérification du quorum et présences

Le quorum est atteint.

Présences et quorum

Le ou la secrétaire déclare que le quorum est atteint et que l'assemblée peut donc débuter.

S'il n'y a pas quorum, la séance ne peut être ouverte et il ne peut y avoir ni prise de décision, ni vote, ni procès-verbal. Si, au cours de la séance, le quorum n'est plus atteint, l'assemblée est suspendue jusqu'à ce qu'il soit rétabli ou elle prend fin immédiatement ; dans ce cas, les décisions prises antérieurement sont valides. Constater le quorum est une proposition privilégiée qui n'a pas besoin d'être appuyée.

Rappel à l'ordre

Lorsqu'une personne constate une irrégularité ou une infraction dans l'application des règles ou dans le décorum, elle a le privilège de demander la parole, même si elle doit interrompre une autre personne. Le rappel à l'ordre n'a pas besoin d'être appuyé. Par exemple :

« M. le président ou Mme la présidente, j'invoque le règlement. »

Règlement

Décision administrative établissant les règles de régie interne de tout organisme. Une proposition concernant un règlement doit être précédée d'un avis de motion. Par exemple :

« Je propose qu'un règlement à l'effet de... soit adopté. »

« Je propose que le règlement numéro... soit modifié. »

Résolution

Proposition adoptée en assemblée. Pour pouvoir repérer facilement les résolutions dans le registre des procès-verbaux, les organismes les numérotent chacun à leur manière, la plus simple étant de commencer par l'année, le mois et le numéro de la résolution. Les résolutions sont comptées depuis le début de l'année en cours ou depuis la toute première assemblée de l'organisme.

Voici un exemple provenant du procès-verbal d'une séance du Comité consultatif d'urbanisme de Saint-Antoine-sur-Richelieu tenue le mardi 31 mai 2011.

Résolution 2011-05-012   **Demande de dérogation mineure**

Voici un deuxième exemple provenant du procès-verbal d'une séance du Conseil municipal de la Ville de Saint-Eustache tenue le 13 juin 2011.

Résolution 2011-06-268   **Adoption de l'ordre du jour**

On peut aussi numéroter les résolutions en commençant avec les lettres qui représentent l'organisme (p. ex. : CV pour Conseil de la Ville), suivies de l'année et du numéro de la résolution. Voici deux exemples tirés des séances du conseil de la Ville de Québec, les 18 janvier et 4 octobre 2010 (ici, on donne le numéro 1 à la première résolution de l'année).

CV-2010-0001	**Adoption de l'ordre du jour**
CV-2010-0941	**Ouverture de nouvelles rues à partir du boulevard Wilfrid-Hamel**

Voyez ces derniers exemples du Comité exécutif de la Commission scolaire Marie-Victorin, pour les séances du 24 août 2010 et du 24 mai 2011. Ici, on commence avec le numéro de la résolution, suivi du sigle de l'organisme et de l'année. Comme l'année scolaire s'étend du mois d'août 2010 au mois de juin 2011, il y a deux années dans la numérotation.

1-CE-2010-2011	**Adoption de l'ordre du jour**
38-CE-2010-2011	**Adoption du procès-verbal du 26 avril 2011**

Secrétaire

Le ou la secrétaire assiste le président ou la présidente dans ses fonctions. Cette personne rédige l'avis de convocation et l'ordre du jour, qu'elle signe et transmet aux membres. À la séance, elle vérifie le quorum et note les interventions des membres afin de pouvoir rédiger le procès-verbal. Elle signe conjointement le procès-verbal avec le président ou la présidente, au moment de son approbation. Il arrive souvent qu'un membre de l'organisme réuni tienne le rôle de secrétaire. Dans ce cas, on comptera cette personne dans les présences. Le ou la secrétaire transmet également des extraits de procès-verbaux aux personnes concernées par les décisions de l'assemblée délibérante.

Vote

Acte par lequel les membres d'une assemblée expriment leur opinion. Les personnes invitées n'ont pas droit de vote. La proposition de vote doit être appuyée. Le résultat du vote peut être inscrit de deux façons :

1. Soit qu'on inscrive après la proposition : *adoptée à l'unanimité, à la majorité* ou *rejetée.*
2. Soit qu'on précise le nombre de votes en faveur de la proposition, le nombre de votes contre la proposition et le nombre d'abstentions.

Plusieurs façons de voter sont possibles, mais on privilégie généralement le vote à main levée. Le vote secret est réservé aux décisions plus importantes ou plus délicates. Dans certains cas, comme la suspension des règles ou la question préalable, ou lorsqu'on veut introduire une question qui n'est pas à l'ordre du jour (après son adoption), un vote majoritaire ne suffit pas (on peut exiger les deux tiers). Dans bien des cas, il est possible de voter par procuration, ce qui permet aux personnes absentes ou excusées d'exprimer leur opinion par l'intermédiaire d'une autre personne.

S'il y a égalité des votes, le président ou la présidente doit voter pour trancher la question. Par exemple :

« L'assemblée est-elle prête à voter sur cette proposition ? »

« Ceux qui sont en faveur de la proposition voudront bien lever la main. »

L'emploi des bons termes

La Banque de dépannage linguistique de l'Office québécois de la langue française [http://66.46.185.79/bdl/gabarit_bdl.asp?t1=1&id=2872] propose le *Vocabulaire à éviter relatif aux réunions*. La plupart des exemples ci-dessous proviennent de cette page Web.

Forme incorrecte	Forme correcte
Seconder une proposition	*Appuyer* une proposition
Assemblée **spéciale**	Assemblée *extraordinaire*
Assemblée **régulière**	Assemblée *ordinaire*
Être hors d'ordre	*Enfreindre un règlement*
Être **sur** un comité	Être *membre* d'un comité
Soulever un point d'ordre	*Invoquer le règlement*
Invoquer un article	*Se prévaloir* d'un article
Mettre en **nomination**	Mettre en *candidature*
Item à l'agenda	*Point* à l'*ordre du jour*
Prendre le vote	*Procéder au* vote, *voter*
Question **hors d'ordre**	Question *irrecevable*
Livre des **minutes**	*Registre* des *procès-verbaux*
Siéger **sur** un comité	Siéger *à* un comité

Des modèles d'avis de convocation et de procès-verbaux

Voici des modèles d'avis de convocation et de procès-verbaux afin de vous aider à produire des textes conformes aux règles de rédaction et de présentation de documents administratifs. On vous présente d'abord l'exemple d'une séance ordinaire de la Friperie du Bourg ; ensuite, un exemple d'assemblée générale extraordinaire du même organisme (remarquez que le gérant de la Friperie ne figure pas sur la liste des présences, comme dans le premier modèle, ce qui s'explique par les modifications apportées à l'article 4.1 des règlements généraux en novembre 2008). Un troisième exemple de procès-verbal propose différentes façons de rédiger le texte (La séance *est ouverte* ou *débute*) ou de présenter le document (par exemple, la ponctuation des éléments de l'ordre du jour ou la liste des présences). Enfin, des exercices permettent la rédaction de procès-verbaux, conformément aux règles de la tenue de réunions.

Un exemple d'avis de convocation à une séance ordinaire

FRIPERIE DU BOURG

907, chemin des Quatre-Bourgeois, Québec (Québec) G1X 1Y9
Téléphone : 418 906-3901 | Télécopieur : 418 906-3903

Québec, le 3 décembre 2008

AVIS DE CONVOCATION

À TOUS LES MEMBRES,

Vous êtes invités à une séance ordinaire qui aura lieu le 9 décembre 2008, à 18 h 15, au local 204 de L'Espace communautaire, 907, chemin des Quatre-Bourgeois. Voici le projet d'ordre du jour de cette séance :

ORDRE DU JOUR

1. Ouverture de la séance
2. Lecture et adoption de l'ordre du jour
3. Lecture et approbation du procès-verbal de la séance tenue le 11 novembre 2008
4. Suivi du dernier conseil d'administration
5. Rapport du trésorier
    5.1 États financiers
    5.2 Statistiques
6. Rapport de la firme Ressources Xtra
7. Rapport du gérant
    7.1 Rapport de l'action bénévole pour le mois de novembre 2008
    7.2 Programme de vente et plan marketing
    7.3 Personnel
8. Bâtisse et travaux d'entretien
    8.1 Abris d'hiver
    8.2 Travaux d'électricité
9. Autres sujets
    9.1 Correspondance
10. Date de la prochaine séance
11. Levée de la séance

Nicole Vachon, secrétaire

Un exemple du procès-verbal d'une séance ordinaire

FRIPERIE DU BOURG

907, chemin des Quatre-Bourgeois, Québec (Québec) G1X 1Y9
Téléphone : 418 906-3901 | Télécopieur : 418 906-3903

PROCÈS-VERBAL de la séance ordinaire de la Friperie du Bourg, tenue le 9 décembre 2008, de 18 h 15 à 20 h 55, au local 204 de L'Espace communautaire, 907, chemin des Quatre-Bourgeois.

PROJET D'ORDRE DU JOUR

1. Ouverture de la séance
2. Lecture et adoption de l'ordre du jour
3. Lecture et approbation du procès-verbal de la séance tenue le 11 novembre 2008
4. Suivi du dernier conseil d'administration
5. Rapport du trésorier
   5.1 États financiers
   5.2 Statistiques
6. Rapport de la firme Ressources Xtra
7. Rapport du gérant
   7.1 Rapport de l'action bénévole pour le mois de novembre 2008
   7.2 Programme de vente et plan marketing
   7.3 Personnel
8. Bâtisse et travaux d'entretien
   8.1 Abris d'hiver
   8.2 Travaux d'électricité
9. Autres sujets
   9.1 Correspondance
10. Date de la prochaine séance
11. Levée de la séance

Présences :

MM. Paul Bilodeau, administrateur
    Gilles Desbiens, vice-président
    Victor Garneau, trésorier
    Bertrand Gilbert, gérant
    Pierre Létourneau, administrateur
Mme Nicole Vachon, secrétaire

Absence :

M. Claude Bédard, président

1. Ouverture de la séance

M. Desbiens procède à l'ouverture de la séance à 18 h 15.

2. Lecture et adoption de l'ordre du jour

CA-37-2008

Il est proposé par M. Létourneau, appuyé par M. Gilbert, d'adopter l'ordre du jour après avoir inversé les points 5 et 6, et ajouté les subdivisions suivantes au point 9, «Autres sujets» :

9.2 Panneaux indicateurs

9.3 Annonces publicitaires et communiqués

ADOPTÉE À L'UNANIMITÉ

3. Lecture et approbation du procès-verbal de la séance tenue le 11 novembre 2008

CA-38-2008

Il est proposé par M. Garneau, appuyé par M. Gilbert, d'approuver le procès-verbal du 11 novembre 2008, après avoir remplacé le nom de M. Bédard au point 8.3 par MM. Bilodeau, Desbiens et Garneau.

ADOPTÉE À L'UNANIMITÉ

4. Suivi du dernier conseil d'administration

Rien de spécial n'est à souligner.

5. Rapport de la firme Ressources Xtra

M. Létourneau informe les membres qu'il a contacté M. Trudeau, professeur de communication à l'Université Laval, concernant un projet d'entrepreneuriat pour les organismes à but non lucratif. Ce projet se fera avec des étudiants et étudiantes pendant leur stage en marketing. M. Létourneau communiquera avec les personnes concernées en janvier, dès le début des cours.

M. Gilbert informe les membres qu'un sondage est mené auprès de la clientèle afin de pouvoir l'informer de nos promotions. M. Garneau monte une base de données à partir des renseignements recueillis (nom, adresse, municipalité, code postal et courriel). M. Desbiens suggère de laisser des feuillets sur le pare-brise des autos pour annoncer le prochain solde à 50 %.

6. Rapport du trésorier

6.1 États financiers

M. Garneau présente l'état des revenus et des dépenses au mois de novembre 2008, qui montre un bénéfice net de 5 212,35 $, les revenus étant de 27 629,43 $ et les dépenses de 22 417,08 $.

6.2 Statistiques

Le trésorier dépose également un document intitulé «Tableau de bord au 30 novembre 2008», montrant sous forme de graphiques les résultats budgétaires de la Friperie du Bourg. On peut y voir clairement la ventilation des revenus (ventes, 79%; subventions, 19%) et des principales dépenses (personnel, 66%; fonctionnement, 26%). Une deuxième partie concerne les ventes projetées par rapport aux ventes réelles ainsi que la clientèle 2008 comparativement à la clientèle 2007, laquelle affiche une baisse notable en ce qui regarde la saison automnale.

7. Rapport du gérant

7.1 Rapport de l'action bénévole pour le mois de novembre 2008

M. Gilbert informe les membres que les 226 heures de bénévolat se répartissent ainsi: 193 heures au comptoir et 33 heures à la salle de tri. Quant aux étudiants et étudiantes bénévoles, après trois rencontres, tout se passe parfaitement.

7.2 Programme de vente et plan marketing

M. Gilbert informe les membres que le solde de Noël (50%) a été un succès malgré le mauvais temps. Il a fait paraître une annonce dans le journal *Voir* et négocié une promotion radio à CFOM 102,9, à raison de 26 publicités de 15 secondes. M. Garneau informe les membres que la publicité doit correspondre à 3% du chiffre d'affaires. M. Gilbert propose son plan publicitaire 2009, qui comprendra notamment un défilé de mode. En janvier, la Friperie du Bourg fera la promotion de chandails à manches longues.

7.3 Personnel

M. Gilbert indique que deux rencontres ont eu lieu avec les responsables du plateau de travail et qu'une nouvelle intervenante est arrivée lundi dernier, faisant ainsi progresser l'équipe.

Un poste de commis à temps partiel à la salle de tri, à compter de janvier, est présentement vacant. Une demande de subvention a été réactivée en conséquence.

8. Bâtisse et travaux d'entretien

8.1 Abris d'hiver

Les abris pour l'hiver ont été installés.

8.2 Travaux d'électricité

M. Garneau signale que Montreuil Électricien a présenté une soumission pour l'éclairage de la bâtisse, considérant le Programme Produits efficaces – Éclairage d'Hydro-Québec. Le coût des ballasts – régulateurs de tension – est remboursé, laissant la main-d'œuvre aux frais de la Friperie du Bourg. Ce nouvel éclairage fera économiser annuellement un minimum de 790$.

CA-39-2008

Il est proposé par M. Garneau, appuyé par M. Desbiens, de procéder à l'installation de ballasts électroniques par Montreuil Électricien pour un montant de 6 500 $, dont 3 700 $ seront remboursés par Hydro-Québec.

ADOPTÉE À L'UNANIMITÉ

9. Autres sujets

9.1 Correspondance

L'information sur la correspondance est donnée par M. Garneau.

9.2 Panneaux indicateurs

M. Létourneau mentionne que le Service des communications de la Ville de Québec offre de diffuser gratuitement de la publicité hebdomadaire pour des organismes communautaires sur des panneaux indicateurs à messages variables.

9.3 Annonces publicitaires et communiqués

M. Gilbert et Mme Vachon ont rencontré M. Carrier, de la Ville de Québec, afin de profiter de son expertise en publicité. Il est beaucoup plus pertinent de monter des événements comme un défilé de mode afin de procéder par communiqués dans les journaux, ce qui n'implique pas de frais, que de faire paraître des annonces dans les journaux locaux, ce qui est coûteux.

10. Date de la prochaine séance

La prochaine séance se tiendra le mardi 13 janvier 2009, à 18 h 15.

11. Levée de la séance

L'ordre du jour étant épuisé, la séance est levée à 20 h 55.

_____   _____

Gilles Desbiens, vice-président   Nicole Vachon, secrétaire

Un exemple d'avis de convocation à une assemblée générale extraordinaire

---

FRIPERIE DU BOURG

907, chemin des Quatre-Bourgeois, Québec (Québec) G1X 1Y9
Téléphone : 418 906-3901 | Télécopieur : 418 906-3903

Québec, le 27 octobre 2008

AVIS DE CONVOCATION

À TOUS LES MEMBRES,

Vous êtes invités à une assemblée générale extraordinaire qui aura lieu le 3 novembre 2008, à 19 h, au local 204 de L'Espace communautaire, 907, chemin des Quatre-Bourgeois. Voici l'ordre du jour :

ORDRE DU JOUR

1. Ouverture de la séance
2. Présences et quorum
3. Modifications aux règlements généraux
4. Période de questions
5. Levée de la séance

Nicole Vachon, secrétaire

Un exemple du procès-verbal d'une assemblée générale extraordinaire

---

FRIPERIE DU BOURG

907, chemin des Quatre-Bourgeois, Québec (Québec) G1X 1Y9

Téléphone : 418 906-3901 | Télécopieur : 418 906-3903

← nom de la cité collégial

séance de classe

PROCÈS-VERBAL de l'assemblée générale extraordinaire tenue le 3 novembre 2008, de 19 h à 21 h 30, au local 204 de L'Espace communautaire, 907, chemin des Quatre-Bourgeois.

ORDRE DU JOUR

1. Ouverture de la séance
2. Présences et quorum
3. Modifications aux règlements généraux
4. Période de questions
5. Levée de la séance

e-cité

Présences :
Membres du conseil d'administration

MM. Claude Bédard, président
    Paul Bilodeau, administrateur
    Gilles Desbiens, vice-président
    Victor Garneau, trésorier
    Pierre Létourneau, administrateur
Mmes Daphnée Desbiens, administratrice
    Nicole Vachon, secrétaire

· Secrétaire   prof
· Président   prof
équipe

Membres de la corporation

MM. Paul Doucet
    Jean-Guy Pedneault
    Marcel Roy
Mme Éliane Boulé

Un exemple du procès-verbal d'une assemblée générale extraordinaire (suite)

1. Ouverture de la séance

M. Claude Bédard, président, procède à l'ouverture de l'assemblée générale extraordinaire à 19 h. Il souhaite la bienvenue à tous et à toutes.

2. Présences et quorum

La secrétaire déclare que le quorum est atteint et que l'assemblée peut donc débuter.

3. Modifications aux règlements généraux

AGE-01-2008

Il est proposé par Mme Éliane Boulé, appuyée par M. Victor Garneau, d'adopter l'article 3.1, tel qu'il est présenté ci-dessous :

PARTIE 3 : LES MEMBRES

3.1 Les membres du conseil d'administration de l'organisme communautaire Les Quatre-Bourgeois et les membres du conseil d'administration de la Friperie du Bourg sont les membres de la présente Corporation, dès leur élection ou nomination par l'assemblée des membres de l'organisme communautaire Les Quatre-Bourgeois.

ADOPTÉE À L'UNANIMITÉ

AGE-02-2008

Il est proposé par M. Paul Bilodeau, appuyé par M. Marcel Roy, d'adopter l'article 3.2, tel qu'il est présenté ci-dessous :

3.2 Une personne cesse d'être membre de la Corporation dès qu'elle ne siège plus au conseil d'administration de l'organisme communautaire Les Quatre-Bourgeois ou de la Friperie du Bourg.

ADOPTÉE À L'UNANIMITÉ

AGE-03-2008

Il est proposé par Mme Éliane Boulé, appuyée par M. Pierre Létourneau, d'adopter l'article 4.1, tel qu'il est présenté ci-dessous :

PARTIE 4 : NOMINATION DES ADMINISTRATEURS ET DÉSIGNATION DES OFFICIERS

4.1 Formation

Le conseil d'administration est formé de neuf personnes :

- trois personnes nommées ou élues pour un an parmi et par les membres du conseil d'administration de l'organisme communautaire Les Quatre-Bourgeois ;
- cinq personnes représentant la communauté, nommées ou élues pour deux ans par les membres lors de l'assemblée générale ;
- le gérant de la Friperie du Bourg.

Les membres du conseil d'administration de la Corporation, à l'exception du gérant, ne sont pas rémunérés pour leur fonction ; seules les dépenses effectuées pour le compte de la Corporation sont remboursées.

ADOPTÉE À L'UNANIMITÉ

AGE-04-2008

Il est proposé par M. Marcel Roy, appuyé par M. Paul Doucet, d'adopter l'article 4.10, tel qu'il est présenté ci-dessous :

> 4.10 Quorum
>
> Le quorum aux séances du conseil d'administration est composé de la majorité absolue des administrateurs nommés ou élus.

ADOPTÉE À L'UNANIMITÉ

AGE-05-2008

Il est proposé par M. Marcel Roy, appuyé par Mme Daphnée Desbiens, d'adopter l'article 5.2, tel qu'il est présenté ci-dessous :

> **PARTIE 5 : ASSEMBLÉE GÉNÉRALE ORDINAIRE**
>
> 5.2 Moment
>
> L'assemblée des membres se déroule dans les six mois suivant la fin de l'exercice financier de la Corporation.

ADOPTÉE À L'UNANIMITÉ   *en gras*

4. Période de questions

Aucune question n'est posée.   *si question écrire débat*

5. Levée de la séance

L'ordre du jour étant épuisé, la séance est levée à 21 h 30.

_____   _____
Claude Bédard, président   Nicole Vachon, secrétaire

Un exemple de procès-verbal proposant la forme et le vocabulaire appropriés

(Date)

PROCÈS-VERBAL de la séance mensuelle de l'Association des ornithologues amateurs, tenue le 6 octobre 2010, de 19 h 55 à 22 h 15, à la salle du conseil. (*Facultatif:* « La séance a été convoquée dans les délais prescrits. »)

PROJET D'ORDRE DU JOUR

1. Ouverture de la séance ;
2. Adoption de l'ordre du jour ;
3. Approbation du procès-verbal du 8 septembre 2010 ;
4. Nouvelle nomenclature ;
5. Achat d'ordinateurs ;
6. Voyage en France ;
7. Affaires diverses ;
8. Date et lieu de la prochaine séance ;
9. Levée de la séance.

7.1 ←
7.2

Présences :	Mme Gaétane Bédard
	M. Émile Chabot
	Mme Thérèse Julien
	Mme Ghyslaine Lacasse
	M. Bernard Métivier
	Mme Élise Nadeau
	M. Yvan Pelchat
	M. François Veilleux
Absences :	M. Pierre Archambault
	Mme Corrine Lessard
	Mme Maggie Roy
Absence motivée :	Mme Luce Lavoie

(*Certains écriront* « Est excusée » *plutôt que* « Absence motivée ».)

Invité : M. Peter Lane, Club des ornithologues de Québec

(*On pourrait également inclure les observateurs et observatrices.*)

1. Ouverture de la séance

La séance est ouverte (*ou* « débute ») à 19 h 55 sous la présidence de Mme Thérèse Julien. M. Émile Chabot agit comme (*ou* « fait fonction de ») secrétaire.
ou
Mme Thérèse Julien assume la présidence de la séance, alors que M. Émile Chabot agit comme secrétaire.

2. Adoption de l'ordre du jour

Lorsqu'une ou des modifications sont apportées, comme dans ce procès-verbal, l'on procédera de la façon suivante:

La présidente donne lecture de l'ordre du jour tel qu'il paraît dans l'avis de convocation. M. Bernard Métivier demande que l'on ajoute au point 7, « Affaires diverses », les sujets suivants :

a) Visite au Cap-Tourmente   b) Absence de Mme Luce Lavoie

Il demande une deuxième modification, soit d'inverser les points 4 et 6. Il est appuyé par Mme Élise Nadeau.

L'ordre du jour ainsi modifié est proposé par M. Bernard Métivier, appuyé par Mme Élise Nadeau, et adopté à l'unanimité.

ADOPTÉE À L'UNANIMITÉ

Le mot « adoptée » est écrit au féminin parce qu'il est question de la proposition qui a été adoptée ; cependant, on voit souvent ce mot écrit au masculin par plusieurs organismes qui estiment que c'est le point qui a été adopté.

Autres façons d'écrire le texte :

Il est proposé par M. Bernard Métivier, appuyé par Mme Élise Nadeau, d'adopter l'ordre du jour tel qu'il a été modifié (*ou* « tel qu'il est modifié »).

ou encore :

Sur proposition de M. Bernard Métivier, appuyé par Mme Élise Nadeau, l'ordre du jour modifié est adopté.

ADOPTÉE À L'UNANIMITÉ

Si aucune modification n'était apportée, on écrirait :

La présidente donne (*ou* « fait la ») lecture de l'ordre du jour, qui est accepté tel quel (*ou* « sans discussion »).

3. Approbation du procès-verbal du 8 septembre 2010

Les membres approuvent le procès-verbal de la dernière séance tenue…

ou

La présidente donne lecture (*ou* « fait la lecture ») du procès-verbal de la dernière séance tenue le… Sur proposition de Mme X, appuyée par Mme Y, le procès-verbal est approuvé tel qu'il est rédigé.

Lorsque des modifications sont apportées :

Il y aurait lieu d'ajouter les mots suivants au point 6 du procès-verbal, après le mot « dépenses », soit : « relatives aux frais de déplacement ».

Il est proposé par M. X, appuyé par Mme Y, d'approuver le procès-verbal tel qu'il est modifié.

ADOPTÉE À L'UNANIMITÉ

4. Voyage en France

La présidente présente M. Peter Lane, auteur du livre intitulé *L'alimentation des oiseaux du Québec*, qui explique le déroulement du voyage projeté en France. Il agirait à titre d'accompagnateur, et l'Association des ornithologues amateurs lui rembourserait seulement ses frais de transport. Après discussion, il est proposé par Mme Ghyslaine Lacasse, appuyée par M. Bernard Métivier, que les membres fassent un voyage en France l'été prochain avec M. Lane, incluant une visite en Normandie et une rencontre avec le président de l'Association des ornithologues en France. La proposition est mise aux voix. La proposition est adoptée par 6 voix contre 2. (*ou* « Les résultats du vote sont : pour = 6, contre = 2. »)

ADOPTÉE À LA MAJORITÉ

5. Achat d'ordinateurs

Il est proposé par M. Émile Chabot, appuyé par Mme Élise Nadeau, que M. Yvan Pelchat soit mandaté pour s'informer auprès des fournisseurs de matériel informatique en vue de l'achat d'ordinateurs pour l'Association. Les résultats devront être soumis aux membres lors de la prochaine séance.

ADOPTÉE À L'UNANIMITÉ

6. Nouvelle nomenclature

M. Yvan Pelchat informe les membres qu'ils recevront sous peu une brochure détaillée en provenance d'Environnement Canada. Il est proposé par Mme Gaétane Bédard, appuyée par M. Émile Chabot, que des conférences publiques soient tenues afin d'informer toute personne s'intéressant à l'ornithologie de cette nouvelle nomenclature officielle.

ADOPTÉE À L'UNANIMITÉ

7. Affaires diverses

7.1 Visite au Cap-Tourmente

Il est proposé par M. François Veilleux, appuyé par M. Bernard Métivier, que Mme Élise Nadeau prépare une journée d'observation au Cap-Tourmente et s'occupe de la publicité en conséquence.

ADOPTÉE À L'UNANIMITÉ

7.2 Absence de Mme Luce Lavoie

Il est proposé par Mme Thérèse Julien, appuyée par M. Yvan Pelchat, que l'Association envoie un panier de fruits à Mme Lavoie, à la suite de son hospitalisation.

ADOPTÉE À L'UNANIMITÉ

8. Date et lieu de la prochaine séance

La prochaine séance mensuelle aura lieu le 3 novembre 2010, à 19 h 30, à la salle du conseil.

9. Levée de la séance

L'ordre du jour étant épuisé, la séance est levée à 22 h 15.

_____   _____
Thérèse Julien, présidente   Émile Chabot, secrétaire

La rédaction d'un procès-verbal – 1re partie

Rédigez un procès-verbal selon la mise en situation qui suit.

Vous êtes membre de l'Association des loisirs de Sainte-Foy. Vous agissez comme secrétaire de séance ; vous faites donc partie des membres et des votants ou votantes, s'il y a lieu. Vous devez rédiger le procès-verbal de la séance de la semaine dernière.

Cette séance, qui a eu lieu à l'hôtel de ville de Sainte-Foy le 9 août 2010, à 14 h, avait été précédée d'un avis de convocation dont le projet d'ordre du jour se lisait comme suit :

1. Ouverture de la séance
2. Adoption de l'ordre du jour
3. Approbation du procès-verbal de la séance du 9 juillet 2010
4. État des revenus et dépenses
5. Activités estivales
6. Projection de films
7. Affaires diverses
8. Date de la prochaine séance
9. Levée de la séance

Les personnes qui ont assisté à la réunion sont : Lise Labelle, Marcel Grandbois, Louis Roy, Philippe Sheeny, président, Claire Plante, Élisabeth Moreau, Monique Laforest.

Marise Deschamps, Pierre Gagné et Jeanne Laverdure n'étaient pas là, mais ils avaient averti les personnes concernées qu'ils seraient absents. M. Luc Dufresne, c. a., était invité à titre de vérificateur de l'Association.

Louis Roy a proposé d'inverser les points 5 et 6 de l'ordre du jour et d'ajouter « Projet de colonie de vacances été 2011 » au point 7, « Affaires diverses ». Élisabeth Moreau l'a appuyé. Tout le monde était d'accord.

Louis Roy a proposé d'apporter une correction au point 8 du procès-verbal de la séance du 9 juillet : lire « dans la mesure du possible » et non « obligatoirement ». Il a été appuyé par Lise Labelle. La proposition a été adoptée à l'unanimité.

Le vérificateur a présenté l'état des revenus et dépenses pour le mois de juillet (*voir* l'annexe I – État des revenus et dépenses ci-contre) ; ce document devra être annexé au procès-verbal. Il a été proposé par Marcel Grandbois, appuyé par Monique Laforest, que l'état des revenus et dépenses du vérificateur soit accepté tel qu'il a été présenté. Tout le monde était d'accord.

Vous devez introduire les éléments suivants avec la formule « CONSIDÉRANT » ou « ATTENDU QUE » :

- le coût de location des films est plutôt bas ;
- le budget du comité le permet ;
- plusieurs enfants ne vont pas à l'extérieur de la ville pendant les vacances.

Ce sont les motifs ou arguments qui soutiennent la proposition ci-après :

Maintenir la projection de films pendant l'été.

Marcel Grandbois, appuyé par Lise Labelle, a proposé de reconduire la même politique l'été prochain. Tout le monde était d'accord.

Le président a livré les explications suivantes au sujet de la participation des employés aux activités estivales :

- les employés municipaux participent peu aux activités estivales ;
- Lise Labelle propose de suspendre les activités intérieures (tissage, filage, natation dans la piscine intérieure), mais tient à conserver le tournoi de golf et la publication du bulletin. Marcel Grandbois appuie son idée. Élisabeth Moreau propose un amendement, soit de rayer la publication du bulletin. Elle est appuyée par Louis Roy. Le vote est demandé par Claire Plante sur l'amendement ; Claire Plante est appuyée par Monique Laforest.
Résultat = 5 pour, 2 contre ;
- le président soumet la proposition principale amendée (après avoir enlevé la publication du bulletin) à l'assemblée. Tout le monde est d'accord.

Comme l'heure avançait (15 h 30), Claire Plante a proposé, appuyée par Monique Laforest, d'ajourner la séance et de remettre l'étude du point « Projet de colonie de vacances été 2011 », à la prochaine séance. Tout le monde était d'accord.

ANNEXE I

ÉTAT DES REVENUS ET DÉPENSES
Juillet 2010

Solde au 30 juin 2010				1235,15 $
Revenus :	Cotisations	125,00 $		
	Abonnements	17,50 $		
		142,50 $		
			142,50 $	
Dépenses :	Dons de charité	25,00 $		
	Bulletins	58,60 $		
	Location de films	200,00 $		
	Tournoi de golf	300,00 $		
	Frais piscine	125,00 $		
		708,60 $		
			708,60 $	
			566,10 $	
				566,10 $
Solde au 31 juillet 2010				669,05 $

La rédaction d'un procès-verbal – 2ᵉ partie

Rédigez un procès-verbal selon la mise en situation qui suit.

Vous avez entre les mains la copie de l'avis de convocation ainsi que les notes prises lors de la séance du 22 septembre par M. Tremblay, qui vous demande d'en rédiger le procès-verbal selon les normes.

A SSOCIATION DES PROPRIÉTAIRES DE LA RUE LE MERCIER

AVIS DE CONVOCATION

Québec, le 10 septembre 2011

Mesdames, Messieurs,

Nous désirons vous convoquer à la séance mensuelle de l'Association des propriétaires de la rue Le Mercier, qui se tiendra le 22 septembre 2011, au sous-sol de l'école Les Compagnons de Cartier, à 20 h.

Les points qui seront traités sont les suivants :

ORDRE DU JOUR

1. Ouverture de la séance ;
2. Adoption de l'ordre du jour ;
3. Approbation du procès-verbal de la séance du 18 août 2011 ;
4. Lampadaires ;
5. Asphalte ;
6. Terrain commun ;
7. Clause de non-conformité ;
8. Affaires diverses ;
9. Date et lieu de la prochaine séance ;
10. Levée de la séance.

Nous souhaiterions grandement que vous nous informiez s'il vous était impossible d'assister à cette séance et vous prions de croire, Mesdames, Messieurs, à nos sentiments les meilleurs.

Jean-Yves Tremblay
Secrétaire

Notes

Des 14 propriétaires de la rue Le Mercier, un seul était absent. M. Boudreault avait prévu et expliqué son absence.

Jean-Yves Tremblay

Cécile Harvey

Nicole Bouchard

Jérôme Cardin

Carole Giroux

Denis Létourneau

Chantale Arteau

Louisette Marcoux

Roger Boudreault

Marie-Claude Couture

Marc Papadriou

Hélène Bisson

Jacques Arsenault

Louise Breton

(Me Paul Thiboutot, avocat, est venu nous donner de l'information au sujet de la clause de non-conformité.)

Comme d'habitude, Louise Breton présidait la séance et Jean-Yves Tremblay agissait comme secrétaire.

Il a été demandé par M. Jacques Arsenault, appuyé par M. Denis Létourneau, que les points 6 et 7 soient inversés et que deux points soient ajoutés au point 8, « Affaires diverses » : souper de l'Action de grâce et déneigement. Les propriétaires étaient tous d'accord.

Au sujet du procès-verbal du 18 août, une correction a dû être faite au point 7 ; le montant de 5 000 $ a été remplacé par le montant de 5 500 $. Cette correction a été proposée par Carole Giroux, appuyée par Jacques Arsenault. Tout le monde était d'accord.

Au sujet des lampadaires, les propriétaires déplorent leur aspect commercial et la trop forte intensité de ce type d'éclairage public. Il y a bien des questions à régler :

– Est-on obligé d'éclairer la rue, vu qu'elle est privée, et y a-t-il des normes en ce sens ?

– Le constructeur avait-il des obligations quant à l'éclairage de la rue ? Si oui, peut-on négocier avec le représentant de Verbex Construction inc. pour obtenir un éclairage plus discret ; va-t-il accepter de payer une partie des coûts ?

Nicole Bouchard, appuyée par Jérôme Cardin, propose que Jean-Yves Tremblay soit mandaté pour clarifier ce dossier et rencontrer le représentant de Verbex d'ici la prochaine séance. M. Tremblay accepte, mais demande d'amender la proposition et de faire disparaître la mention de la rencontre avec le représentant de Verbex, car il trouve que cette rencontre serait prématurée. M. Arsenault l'appuie. Tous sont favorables à cette décision. La proposition principale amendée est soumise à l'assemblée qui l'accepte à l'unanimité.

Les propriétaires sont à peu près certains que la couche d'asphalte appliquée n'est pas suffisante. Encore là, on se demande si les normes d'épaisseur d'asphalte ont été respectées par l'entrepreneur dans son contrat. Il faudrait s'adresser aux représentants de l'arrondissement Sainte-Foy–Sillery–Cap-Rouge pour vérifier cette question. Cécile Harvey propose que Jacques Arsenault aille vérifier. Marc Papadriou l'appuie. Tous acceptent la proposition.

Pour ce qui est de la clause de non-conformité (c'est-à-dire que des propriétaires changent l'aspect de leur maison, alors que celle-ci doit demeurer pareille aux autres), on trouve que le texte des contrats est trop restrictif. Personne ne sait ce qu'il est possible de faire ou non de sa maison et de son terrain. M⁰ Thiboutot émet son avis et explique que les propriétaires peuvent se donner une certaine marge de manœuvre. Une proposition est mise sur la table.

Vous mettrez les deux raisons suivantes sous forme de «CONSIDÉRANT»:

– la peinture des portes chez Couture et Bisson a été faite sans consultation des autres propriétaires;
– la clôture de Denis Létourneau a été construite sans permission.

Il a été proposé par Marc Papadriou, appuyé par Carole Giroux, de diviser les modifications à apporter aux maisons en deux catégories, soit les changements mineurs (qui ne demanderaient pas l'approbation de tous) et les changements majeurs (qui exigeraient l'approbation de tous). Hélène Bisson est partie avant la fin.

Après une heure de discussion pour différencier les changements mineurs des changements majeurs, Louisette Marcoux a demandé l'ajournement de la séance au 6 octobre, même heure, même endroit, et le report des points qui n'ont pas été vus à cette prochaine séance. Il était 23 h 30. Jérôme Cardin l'a appuyée, mais Jacques Arsenault (appuyé par Nicole Bouchard) a demandé le vote. Il n'y a eu que 2 contre; vous mettrez les résultats POUR et CONTRE. Les autres étaient d'accord (pas d'abstention). La proposition d'ajournement a donc été adoptée.

Pouvez-vous rédiger l'ordre du jour du 6 au plus tôt et faire en sorte que le procès-verbal soit prêt pour le 1ᵉʳ octobre?

Au fait, n'oubliez pas de numéroter les résolutions. La dernière portait le numéro 93, si j'ai bonne mémoire.

Questions de révision

1. Lorsqu'une séance est suspendue pour permettre à un comité de se réunir, s'agit-il d'un ajournement ? Justifiez votre réponse.

   Oui ou non : _____

   Justification : _____

   _____

2. Lorsqu'une séance commence normalement, mais que des membres s'absentent avant la fin au point où il n'y a plus quorum, peut-on continuer à procéder validement ? Justifiez votre réponse.

   Oui ou non : _____

   Justification : _____

   _____

3. Peut-on modifier l'ordre du jour au début d'une séance dans les cas suivants :

   a) Ajouter des points nouveaux à « Affaires diverses » ? _____

   b) Ajouter le point « Modification d'un règlement » ? _____

4. Lorsqu'il y a une proposition en bonne et due forme sur la table, c'est-à-dire qu'elle est appuyée par un membre, est-il possible de la mettre de côté pour ajourner la séance ? Justifiez votre réponse.

   Oui ou non : _____

   Justification : _____

   _____

5. L'assemblée vient de voter une proposition importante. Le vote s'est fait secrètement. Dix-huit personnes avaient droit de vote. Résultats : 8 pour, 8 contre, 2 abstentions. Qui tranchera ?

   _____

6. La séance mensuelle a débuté à 14 h ; à 17 h, il reste trois points à voir, dont un très important qui ne peut attendre à demain. Quelqu'un propose d'arrêter la séance pendant une heure de façon que les membres puissent prendre un repas et se reposer un peu. Comment appelle-t-on cet arrêt ?

   _____

7. Qui signe habituellement l'avis de convocation ?

   _____

8. La secrétaire vient de terminer la rédaction d'un procès-verbal. Elle demande au président de le lire avant de le transmettre aux membres avant la prochaine séance. Le président la félicite pour la qualité de son travail et son excellent français, signe le procès-verbal et le lui remet. Elle devra tout de même réimprimer une page de ce procès-verbal. Expliquez pourquoi.

_____

9. Corrigez la phrase suivante en ce qui a trait au type de séance :

« La présidente, à la séance régulière du 8 juillet 2011, a signifié à M. Allard qu'il avait enfreint le règlement. »

_____

10. Revenez à l'exercice 6, avant la demande d'ajournement. Comme un membre avait compris que cette question ne se réglerait pas à cette séance et qu'il voulait que cette proposition soit reprise à la prochaine séance, là où on l'avait laissée, qu'aurait-il pu faire ?

6. **Clause de non-conformité**

Après que Mᵉ Thiboutot, au sujet de l'aspect juridique de la clause de non-conformité liant les propriétaires de la rue Le Mercier, les a informés qu'ils pouvaient se donner une certaine marge de manœuvre, il a été convenu de diviser les modifications à apporter aux maisons en deux catégories : les changements mineurs, qui ne requièrent pas d'approbation, et les changements majeurs, qui en exigent une. Cependant, la proposition n'a pas été adoptée ni rejetée.

_____

_____

_____

_____

11. Une proposition rejetée est-elle considérée comme une résolution ? Justifiez votre réponse.

_____

12. Donnez un exemple de point qu'on ne peut pas ajouter à « Affaires diverses » au moment d'adopter l'ordre du jour d'une séance.

_____

13. Comment s'appelle l'ouvrage qui donne les règles ou la procédure des assemblées délibérantes ?

_____

14. Comment appelle-t-on l'ensemble des convenances à observer (rester assis, ne pas prendre la parole sans autorisation, ne pas faire de bruit...) pendant une séance ?

_____

15. Qu'est-ce qu'un amendement ? Un amendement peut-il être sous-amendé ?

_____

_____

3.3 Les procédures

D'entrée de jeu, il est important d'établir la différence entre les mots «politiques» et «procédures». Les politiques, élaborées par l'administration, définissent le cadre décisionnel ou la position de l'organisme sur un sujet particulier. Elles sont constituées de principes généraux qui laissent une marge d'initiative; ce sont en fait les lignes directrices de l'organisme. Pour rédiger une politique, on procède du général au particulier: objet de la politique, définitions, responsabilités, inspection, infractions, dispositions diverses. Une trop grande rigidité dans la rédaction d'une politique l'apparenterait au règlement, lequel comporte des exigences. Voici quelques exemples de politiques que vous pouvez facilement trouver et consulter dans Internet:

- politique d'exactitude des prix;
- politique de confidentialité;
- politique sur le choix privilégié de fournisseurs québécois;
- politique sur le harcèlement sexuel dans l'entreprise;
- politique sur la santé et la sécurité au travail.

La procédure correspond aux étapes à franchir et aux méthodes à suivre pour exécuter une tâche. La procédure dit *comment faire*. Il est donc important de suivre la séquence des actions. Les entreprises qui veulent implanter le système qualité (normes ISO) se doivent de rédiger des procédures pour toutes les tâches répétitives de l'entreprise, lesquelles feront partie du manuel qualité.

> Un manuel qualité contiendra normalement, ou fera référence à, au moins: a) la politique qualité, b) les responsabilités, les pouvoirs et les relations entre les personnes qui dirigent, effectuent, vérifient ou passent en revue les travaux qui ont une incidence sur la qualité, c) les procédures et les instructions du système qualité, d) des dispositions pour revoir, mettre à jour et gérer le manuel[10].

Ce manuel de procédures standardisées est un outil de gestion pour le personnel. Il garantit la continuité de l'organisation, car il en devient la mémoire, évitant ainsi les oublis, surtout lorsque des changements se produisent au sein du personnel. Les personnes qui exécutent ces tâches participent à leur rédaction, ce qui renforce l'engagement du personnel.

La rédaction des procédures représente un travail énorme, et beaucoup d'efforts doivent être consacrés à la diffusion, à la sauvegarde et à la mise à jour de cette information. Pour qu'une procédure soit valable, elle doit être conforme aux objectifs de l'entreprise et être rédigée correctement pour être comprise par tous ceux et celles qui auront à l'appliquer. Après avoir énoncé l'objectif, les actions effectuées par les différents membres du personnel sont détaillées de manière séquentielle, afin de savoir qui fait quoi, où, quand et comment. Les tâches doivent être découpées de manière qu'on puisse les reproduire de façon quasi mécanique, un peu comme dans le travail à la chaîne.

Lorsqu'on décide de rédiger des procédures, on découvre de nombreuses incohérences: certaines tâches sont effectuées en double ou la même tâche est effectuée différemment d'un service à l'autre, ou encore, certaines tâches répétées depuis des années n'ont plus aucune utilité.

---

10. Office québécois de la langue française. «Manuel qualité», *Le grand dictionnaire terminologique*, [www.granddictionnaire.com] (page consultée le 28 février 2011).

Lorsque les tâches ont été rédigées suivant des normes, chaque personne sait ce qu'elle doit faire et comprend le lien entre le travail de ses collègues et le sien, puisque la procédure établit également la coordination entre les différents services de l'entreprise. L'ensemble des actions des différentes personnes ou des divers services doit correspondre à un cycle complet.

Par exemple, au moment d'effectuer un achat, on doit remplir la demande d'achat, recevoir le produit, l'inspecter, l'accepter et transmettre le formulaire de réception au service de la comptabilité, ce qui demande le concours de plusieurs personnes ou services. Ensuite, le service de la comptabilité suivra à son tour une procédure jusqu'à ce que le fournisseur reçoive son chèque.

TABLEAU 3.5 Les étapes de la rédaction d'une procédure	
La délimitation des objectifs de la procédure	Déterminer ce qu'on attend des destinataires après les avoir clairement identifiés.
L'élaboration du plan provisoire	Considérer le contenu de la procédure.
La collecte des informations	Tenir compte des politiques de l'entreprise, des normes de santé et de sécurité au travail, de la convention collective, s'il y a lieu, et des informations liées à la tâche à accomplir.
La rédaction elle-même	Interroger les personnes qui devront suivre la procédure, puisqu'elles sont les mieux placées pour aider à la rédaction, et s'assurer que toutes les étapes sont incluses.
La révision par les personnes concernées	Demander aux personnes concernées par la procédure de proposer certaines corrections.
La rédaction finale	Corriger et mettre à jour la procédure.
L'autorisation des gestionnaires	Obtenir l'approbation afin de pouvoir utiliser la procédure.
La transmission de la procédure aux personnes qui la suivront	Tenir compte du fait que cette procédure doit être améliorée de façon continue.

La méthode Playscript

La méthode de type scénario (Playscript) consiste à définir le but de la procédure et son domaine d'application avant de disposer le texte comme si ses utilisateurs et utilisatrices suivaient un scénario de pièce de théâtre.

TABLEAU 3.6 La méthode Playscript – Le but et le domaine d'application de la procédure

	Description	Exemple
BUT	Le but décrit la fin poursuivie par la procédure.	Le but de cette procédure est d'installer l'imprimante en réseau.
		Cette procédure vise à embaucher le nouveau personnel.
DOMAINE D'APPLICATION	Le domaine d'application est lié à l'étendue de la procédure, à ses limites.	Cette procédure s'applique au Service des relations publiques.
	Il ne concerne que les personnes déjà en poste dans l'entreprise (si la procédure concerne l'embauche, les candidats ou candidates ne feront pas partie des acteurs ou actrices).	Cette procédure s'applique à tous les responsables de l'embauche du personnel.
	Il est également lié à un produit.	Cette procédure s'applique à tous les ordinateurs portables de la Série R.

La présentation simplifiée se fait sur deux colonnes : dans la colonne de gauche figurent les actrices ou acteurs (indiqués par leur titre de fonction ou leur service) ; dans la colonne de droite, dans une séquence logique, les actions à accomplir (précédées du numéro de séquence). Chaque action doit commencer par un verbe à l'infinitif et chaque phrase ne doit contenir qu'un verbe ; les phrases courtes (de 3 à 20 mots) sont recommandées. Il est très important d'imaginer ce qui se passerait sur une scène de théâtre ou un plateau de tournage afin de voir les différentes personnes agir, ce qui aidera à insérer des verbes d'action plutôt que tout autre type de verbe. Par exemple, on n'indiquera pas « *Recevoir* une copie » (la personne serait inactive) ; on écrira plutôt « *Récupérer* une copie » ou « *Demander* une copie » (on voit la personne agir). Les graphiques, schémas ou illustrations seront parfois nécessaires à la compréhension ; n'hésitez pas à en inclure au besoin ; dans ce cas, ils devront paraître dans la colonne de droite.

La méthode Playscript n'en est qu'une parmi tant d'autres. Elle a le mérite d'obliger à utiliser des verbes d'action et de ne laisser aucun doute quant à la personne responsable d'une tâche. Ce qui importe, c'est de procéder d'une façon uniforme pour chacune des procédures de l'entreprise, d'en assurer la compréhensibilité, la mise à jour et la diffusion, tout comme de faire en sorte qu'elle soit suivie à la lettre. Vous pouvez vous inspirer de la méthode Playscript pour la rédaction de vos procédures, tout en vous permettant l'emploi de verbes conjugués lorsque la procédure est complexe, pour ne conserver qu'un seul verbe à l'infinitif en début de phrase. Vous devez toujours vous rappeler que c'est dans l'exécution de la tâche qu'une procédure se vérifie. Voici un exemple de procédure écrite avec la méthode Playscript.

La méthode Playscript : un exemple

PROCÉDURE DE VÉRIFICATION
DES DÉCLENCHEURS DE FENÊTRES OUVRANTES

But

Cette procédure vise à vérifier la tension des déclencheurs de fenêtres ouvrantes.

Domaine d'application

Cette procédure s'applique à tous les véhicules fabriqués chez ABC inc.

Responsable		Action
Service de l'assurance qualité	1	Étalonner* le tensiomètre si nécessaire.
	2	S'assurer que le tensiomètre est à zéro avant la lecture.
	3	Insérer l'adaptateur sous la poignée de fenêtre.
	4	Positionner le tensiomètre à 30° par rapport à l'horizon, pour la lecture du déclencheur.
	5	Tirer délicatement avec le tensiomètre jusqu'au relâchement complet du déclencheur de la fenêtre et son dégagement.
	6	Enregistrer les résultats de la lecture du tensiomètre sur le rapport d'inspection des normes MVSS (formulaire n° 148).
	7	Transmettre le rapport d'inspection au Service de la production en cas de non-respect de la norme MVSS.
Service de la production	8	Réparer les fenêtres.
	9	Remettre le véhicule au Service de l'assurance qualité.
Service de l'assurance qualité	10	Classer le rapport d'inspection au dossier du véhicule.

* Vérifier la précision d'un appareil de mesure.

La rédaction d'une procédure (méthode Playscript)

Rédigez une procédure qui devra être suivie par les différents responsables lorsque du nouveau personnel fera son entrée dans cette entreprise.

Mise en situation[11]

Le supérieur immédiat doit informer un nouvel employé ou une nouvelle employée du moment de son entrée en service (date, heure, lieu) et lui demander d'apporter une copie de ses attestations d'études.

À son arrivée, le nouvel employé ou la nouvelle employée demande à voir son supérieur immédiat, qui le ou la dirige vers le directeur des ressources humaines à qui il ou elle remet copie de ses attestations d'études.

Le nouvel employé ou la nouvelle employée prend connaissance du contrat de travail et le signe. Cette personne prend connaissance également du document intitulé *Guide du nouveau personnel* de l'entreprise.

Elle remplit les formulaires suivants :

- Exemptions fiscales—
- Assurance collective—
- Autorisation de dépôt direct

De retour chez son supérieur immédiat, on lui présente ses collègues, ainsi que le directeur ou la directrice de son service. On lui montre son bureau et on lui présente la personne chargée de l'initier à ses nouvelles fonctions. Le supérieur immédiat lui explique la politique de l'entreprise pour tout ce qui est du travail à accomplir et des communications interpersonnelles.

Établissez le but et le domaine d'application de la procédure. Présentez la procédure sur deux colonnes intitulées : Responsable, Action.

Responsable	Action

11. Adapté de Hélène Cajolet-Laganière, Pierre Collinge et Gérard Laganière. *Cours de rédaction technique et administrative*, Sherbrooke, Éditions Laganière, 1984, p. 72.

3.4 La présentation textuelle et graphique d'une même procédure

Un exemple d'une même procédure présentée de deux façons – textuelle et graphique – vous permettra de conclure que la méthode graphique est préférable, lorsque c'est possible. Remarquez que la procédure textuelle originale a été scindée en deux procédures graphiques, l'une pour les personnes qui se trouvent coincées dans l'ascenseur et l'autre pour les personnes qui les dépanneront. Les éléments non obligatoires pour la compréhension ou le dépannage ont été enlevés dans ces versions. L'impératif présent est employé pour les personnes qui se trouvent dans l'ascenseur afin de souligner l'importance de se conformer aux instructions ; l'infinitif présent est utilisé pour expliquer aux personnes comment se comporter si jamais elles devaient dépanner quelqu'un.

La présentation textuelle

PROCÉDURE DE DÉPANNAGE – ASCENSEUR

1. En cas de panne électrique, faire descendre l'ascenseur au niveau le plus bas en maintenant le bouton 1 enfoncé. **IMPORTANT :** L'ascenseur ne peut pas monter.

2. Si l'ascenseur est arrêté entre deux niveaux, trois étapes sont proposées :

    A) Tenir le bouton ALARME (cloche jaune) enfoncé, afin que les personnes présentes dans l'immeuble sachent que quelqu'un est coincé dans l'ascenseur et puissent aviser l'autorité compétente dans l'immeuble. Celle-ci aura deux tâches : vérifier à quel niveau se trouve la personne et s'assurer que les portes de l'ascenseur sont verrouillées avant de procéder à l'étape suivante.

    B) Faire descendre l'ascenseur manuellement. Voici la procédure à suivre :

        1. Aviser la personne coincée dans l'ascenseur de ne pas essayer d'en sortir par ses propres moyens ;
        2. Se rendre dans la salle de l'ascenseur ;
        3. Couper le courant par l'interrupteur principal (la deuxième boîte sur le mur en entrant) — il s'agit d'abaisser la manette rouge ;
        4. Repérer sur la soupape manuelle de descente (boîte noire) le bouton rouge « Descente manuelle » et le tourner dans la direction de la flèche (vers la gauche) sans le relâcher jusqu'à ce que l'ascenseur descende jusqu'en bas ;
        5. Ouvrir la porte de l'ascenseur ; c'est la grosse clé qui permet de déverrouiller la porte de l'ascenseur ; on doit l'introduire en haut de la porte à gauche et la tourner vers la droite ;
        6. Téléphoner au technicien, car l'ascenseur ne redémarrera pas sans son intervention. **IMPORTANT :** On peut attendre les heures de bureau pour l'appeler, car des frais de service sont payables le soir, les jours fériés et les fins de semaine.

    C) Utiliser le téléphone qui se trouve dans l'ascenseur ; le numéro est déjà programmé pour joindre l'entreprise chargée de la maintenance de l'ascenseur (on ne peut composer aucun autre numéro avec ce téléphone).

La présentation graphique

PROCÉDURE POUR LES PERSONNES COINCÉES DANS L'ASCENSEUR

EN CAS DE PANNE

Ne tentez pas de sortir par vos propres moyens.

1
- En cas de panne électrique, faites descendre l'ascenseur au niveau le plus bas, d'où vous pourrez sortir, en maintenant le bouton **numéro 1** enfoncé. L'ascenseur ne peut monter.

2
- Prévenez les personnes dans l'immeuble en maintenant le bouton d'alarme (cloche jaune) enfoncé.

3
- Utilisez le téléphone derrière la petite porte de métal ; le numéro se composera automatiquement. Vous ne pouvez téléphoner ailleurs. Informez les responsables que vous êtes dans l'ascenseur du 895, rue Charbonneau, à Boucherville.

Attendez patiemment que l'on vienne vous aider à sortir.

PROCÉDURE POUR LES PERSONNES QUI DÉPANNERONT CELLES QUI SONT COINCÉES DANS L'ASCENSEUR

PROCÉDURE DE DÉPANNAGE – ASCENSEUR

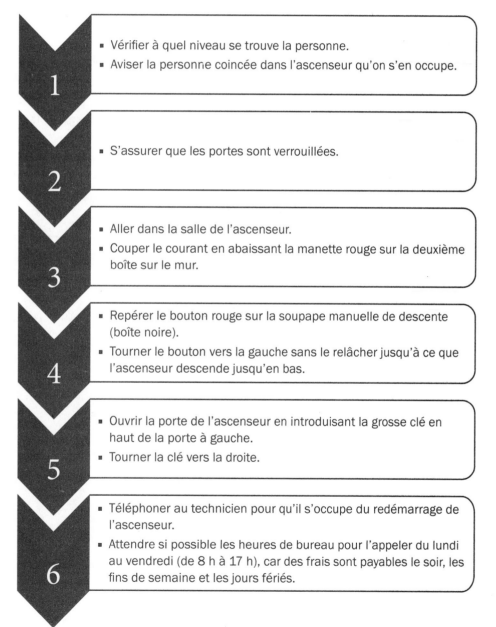

1
- Vérifier à quel niveau se trouve la personne.
- Aviser la personne coincée dans l'ascenseur qu'on s'en occupe.

2
- S'assurer que les portes sont verrouillées.

3
- Aller dans la salle de l'ascenseur.
- Couper le courant en abaissant la manette rouge sur la deuxième boîte sur le mur.

4
- Repérer le bouton rouge sur la soupape manuelle de descente (boîte noire).
- Tourner le bouton vers la gauche sans le relâcher jusqu'à ce que l'ascenseur descende jusqu'en bas.

5
- Ouvrir la porte de l'ascenseur en introduisant la grosse clé en haut de la porte à gauche.
- Tourner la clé vers la droite.

6
- Téléphoner au technicien pour qu'il s'occupe du redémarrage de l'ascenseur.
- Attendre si possible les heures de bureau pour l'appeler du lundi au vendredi (de 8 h à 17 h), car des frais sont payables le soir, les fins de semaine et les jours fériés.

La correction d'une procédure (ISO)

Corrigez le texte de la procédure ci-dessous en répondant aux questions qui la suivent.

EXFO	MANUEL QUALITÉ	PAGE 1 DE 2
DATE : **23/03/2010**	**Contrôle de la fusion des fibres optiques**	D-0175
ARTICLE : **Q-61.0**		RÉVISION : **1**

1. **Préparation des fibres optiques**

   a) Ne pas oublier d'insérer la fibre dans les gaines de protection thermorétractables <u>spécifiques à cet usage</u> avant de commencer le dénudage.

   b) La deuxième étape consiste à dénuder les fibres. Pour cette opération, il faut y aller avec beaucoup de précaution. Avec le dénudeur approprié, il faut enlever la gaine par bouts d'environ 5 mm (vérifier le sens de la flèche) jusqu'à 4 cm de longueur (s'assurer que la gaine n'est pas restée coincée).

   c) S'assurer que les deux couches de la gaine sont bien enlevées. S'il reste des résidus sur la fibre, on peut utiliser du chlorure de méthylène et y faire tremper la fibre pendant quelques minutes.

2. **Clivage**

   La deuxième étape consiste à cliver la fibre, c'est-à-dire à couper la fibre à angle droit. Le succès de la fusion dépend de cette étape très importante. Il s'agit de bien placer la fibre dans le *cliveur* et d'appuyer le couteau sur celle-ci.

3. **Positionnement des fibres dans la fusionneuse**

   a) Bien nettoyer les fibres avec de l'alcool et du papier pour surfaces délicates (sans fibres).

   b) Placer les fibres de façon que la gaine de la fibre soit appuyée sur le *V* du support bleu.

   c) Mettre la fusionneuse en marche (ON) et placer les fibres de façon qu'elles soient clairement visibles sur le moniteur.

   d) Fermer l'écran de protection (SAFETY SHIELD) et vérifier sur le moniteur si les fibres sont coupées <u>bien droit</u> et si elles sont <u>bien propres</u>.

4. **Fusionnement automatique**

   a) Suivre les directives sur l'affichage de la fusionneuse.

   b) S'assurer que le bon programme est sélectionné (1 pour mono, 10 pour multi).

   c) Fusionner.

   d) Vérifier la qualité du joint.

5. **Test et protection des fibres fusionnées**

   a) Enlever les fibres de la fusionneuse en tirant légèrement pour qu'elles restent tendues ; ceci empêchera le joint de casser.

   [Note : Plusieurs autres étapes suivent, mais ne sont d'aucune utilité pour les besoins du présent exercice.]

RÉVISÉ PAR :	APPROUVÉ PAR :

Adapté de EXFO, Manuel de la qualité 2001.

Préparation des fibres optiques

1. Reprenez l'étape 1a). Minimisez le nombre de mots en ne conservant qu'un verbe à l'infinitif et en énonçant ce que l'on doit faire plutôt que ce que l'on ne doit pas faire. Vérifiez le sens du mot « dénudage » en consultant *Le grand dictionnaire terminologique* (www.granddictionnaire.com).

     1a) Ne pas oublier d'insérer la fibre dans les gaines de protection thermorétractables <u>spécifiques à cet usage</u> avant de commencer le dénudage.

     _____

     _____

2. Comme le titre explique déjà l'étape 1b), enlevez les mots inutiles en ne conservant que les actions à entreprendre ; ne conservez encore qu'un verbe à l'infinitif.

     1b) La deuxième étape consiste à dénuder les fibres. Pour cette opération, il faut y aller avec beaucoup de précaution. Avec le dénudeur approprié, il faut enlever la gaine par bouts d'environ 5 mm (vérifier le sens de la flèche) jusqu'à 4 cm de longueur (s'assurer que la gaine n'est pas restée coincée).

     _____

     _____

     _____

     _____

3. Scindez l'étape 1c) en deux.

     1c) S'assurer que les deux couches de la gaine sont bien enlevées. S'il reste des résidus sur la fibre, on peut utiliser du chlorure de méthylène et y faire tremper la fibre pendant quelques minutes.

     _____

     _____

     _____

     _____

Clivage

4. Simplifiez le paragraphe suivant en enlevant la première partie du texte et en reproduisant exactement ce que l'opérateur ou l'opératrice de la machine doit faire en deux étapes. Vérifiez le sens du mot « cliveur ».

La deuxième étape consiste à cliver la fibre, c'est-à-dire à couper la fibre à angle droit. Le succès de la fusion dépend de cette étape très importante. Il s'agit de bien placer la fibre dans le *cliveur* et d'appuyer le couteau sur celle-ci.

_____

_____

Positionnement des fibres dans la fusionneuse

5. Corrigez le texte des étapes 3c) et 3d) en les divisant en deux si nécessaire.

3c) Mettre la fusionneuse en marche (ON) et placer les fibres de façon qu'elles soient clairement visibles sur le moniteur.

_____

_____

3d) Fermer l'écran de protection (SAFETY SHIELD) et vérifier sur le moniteur si les fibres sont coupées <u>bien droit</u> et si elles sont <u>bien propres</u>.

_____

_____

Test et protection des fibres fusionnées

6. Faites les corrections nécessaires à l'étape 5a).

5a) Enlever les fibres de la fusionneuse en tirant légèrement pour qu'elles restent tendues ; ceci empêchera le joint de casser.

_____

_____

CHAPITRE 4

Les rapports administratifs

OBJECTIF

Connaître les différents types de rapports

- Définir le rapport d'activités et le rapport annuel
- Faire la distinction entre le rapport analytique, le rapport de recommandation et le mémoire
- Définir le plan d'affaires
- Tenir compte des destinataires et du mandat

Selon l'Office québécois de la langue française (*Le grand dictionnaire termi-nologique* en ligne), le rapport est un compte rendu «...élaboré de caractère officiel ou officieux fait par une personne ou un organisme qui a reçu un mandat à cette fin». Il est le produit d'un travail de recherche rigoureux, et c'est le plan ou la structure qui garantit sa cohérence. Cette structure différera selon le type de rapport à présenter. Les principaux types de rapports administratifs sont le rapport d'activités, le rapport annuel, le rapport analytique et le rapport de recommandation. Vous devez également faire la différence entre ces rapports, le mémoire et le plan d'affaires.

Avant d'organiser l'information, généralement sous la forme d'un plan, vous devez connaître le profil des destinataires (clients, fournisseurs, collègues, administrateurs, public en général) en ayant comme objectif l'obtention du plus haut degré de compré-hension possible. Vous devez vous interroger sur les champs d'intérêt des lecteurs et lectrices, sur leurs attitudes, leurs priorités, leur connaissance du sujet, leur forma-tion et leur réaction possible à la lecture de cet écrit. Lorsqu'on vous mandate pour rédiger un rapport, vous devez également bien saisir le sens des mots utilisés par les gestionnaires et vous assurer que vous comprenez parfaitement leurs attentes.

Le rapport doit être impartial et présenter des données vérifiables. Il doit être clair et concis, sans employer un niveau de langage recherché et des tournures compli-quées, puisqu'on vise la compréhension immédiate de son contenu et l'utilisation optimale du temps du personnel. Les destinataires doivent recevoir les réponses à leurs questions dans un ordre logique et obtenir facilement les références aux don-nées incluses dans le rapport.

4.1 Le rapport d'activités

Le rapport d'activités en gestion est un document «...qui donne un compte rendu his-torique et actuel d'un service, d'une fonction, etc.» (OQLF, «Rapport d'activités», *Le grand dictionnaire terminologique*, [www.granddictionnaire.com]). Il expose les résul-tats périodiques des activités professionnelles d'une personne ou d'un organisme, en vue d'informer l'autorité compétente ou de l'aider à prendre des décisions. Outil de gestion et de planification, le rapport d'activités soumet des informations sans en faire l'analyse.

Sa complexité dépend des responsabilités de la personne appelée à le rédiger. Un représentant ou une représentante donnera des renseignements relatifs au nombre de commerces visités, aux commandes hebdomadaires ou mensuelles reçues par ré-gion, aux déplacements effectués, à la baisse ou à l'augmentation des ventes pour tel produit ou dans tel type d'établissement. On traitera du rendement d'une équipe, des activités du personnel d'un secteur ou des postes budgétaires affectés à tel domaine. Les informations fournies dans un rapport d'activités proviennent la plupart du temps de sources internes, d'observations sur le terrain ou d'opérations de routine. Ce rapport communique des renseignements qui proviennent souvent des dossiers de l'entreprise. Généralement bref, il ne requiert pas d'introduction, telle qu'on en présente dans le rapport analytique ou le rapport de recommandation. Enfin, il peut se limiter à un tableau ou à un graphique (rapport d'absences) ou se présenter comme un formulaire.

4.2 Le rapport annuel

Le rapport annuel est soumis aux membres lors de l'assemblée générale ordinaire (assemblée annuelle). Ce document obligatoire, à valeur juridique, résume les événements de l'année, fait part de la situation financière de l'organisme et comprend tous les éléments nécessaires à la prise de décisions stratégiques pour l'avenir. Il explique, par exemple, les causes de la baisse des ventes ou les raisons pour lesquelles l'entreprise a dû procéder à des licenciements. Il doit être vérifié par des comptables indépendants. Il comprend généralement :

- le rapport de la direction ;
- les états financiers annuels ;
- le rapport du vérificateur ;
- des renseignements complémentaires (résumé des faits saillants de l'année écoulée, informations sur la modification ou la reconduction du conseil d'administration, projets futurs).

Certains organismes emploient l'expression « rapport d'activités » au lieu de « rapport annuel ». Par exemple, consultez sur Internet les rapports d'activités du Centre d'aide à la réussite et au développement (www.reussite-developpement.com/bibliotheque.html). « [L]'appellation *rapport annuel d'activités* reflète mieux la nature du document produit qui insiste surtout sur les réalisations et les diverses activités. » (OQLF, « Rapport annuel », *Le grand dictionnaire terminologique*, [www.granddictionnaire.com]).

4.3 Le rapport analytique

Le rapport analytique répond à une demande particulière de renseignements afin d'étudier une question ou d'analyser une situation ou une proposition. L'interprétation de l'information est aussi importante que l'information elle-même. Ce type de rapport représente souvent la première étape d'une prise de décision. Par exemple, en plus de fournir le montant des ventes d'un produit quelconque, il peut donner les raisons pour lesquelles ce produit se vend bien ou mal (distribution, publicité, région) ; après avoir lu ce rapport, les gestionnaires décideront des actions à entreprendre. Le rapport analytique peut également soumettre plusieurs options, pourvu que ces options soient évaluées de façon similaire ; on présente les avantages et les inconvénients, on conclut, mais la décision reviendra aux destinataires.

Le modèle *Progression des femmes en politique au Québec* (*voir* chapitre 9, modèle 1) fournit un bon exemple de rapport analytique, car il présente des données sur quatre années différentes, en donne les sources et répond aux questions posées dans l'introduction. À la fin, la rédactrice conclut qu'il y a effectivement augmentation du nombre de femmes participant à la vie politique provinciale, mais ne présente pas de recommandations. Il s'agissait de dresser le portrait de la situation, de rapporter les faits, tout simplement.

Un rapport analytique peut permettre une comparaison des modes de gestion, en ce sens qu'on explique une façon de faire comparativement à une autre, on souligne les différences et on apporte une conclusion. Après avoir lu un tel rapport, les destinataires distinguent les différents modes de gestion et comprennent les résultats de l'analyse. Par ailleurs, si le but du rapport est d'adopter un nouveau mode de gestion, comme dans le modèle intitulé *Gestion participative* (*voir* chapitre 9, modèle 2), il présentera des actions à entreprendre et il s'agira alors d'un rapport de recommandation.

Le rapport analytique exige de déterminer clairement le but du travail et d'élaborer un plan provisoire avant de faire la recherche nécessaire. Il peut s'agir d'une recherche de fournisseurs, de la comparaison de produits ou de services, de statistiques, d'articles de livres ou de revues ou encore de sources spécialisées. Le rapport doit répondre à toutes les questions que se posent les personnes intéressées par le sujet. Il présente les données recueillies dans une séquence logique et conclut en tenant compte de ce qui a été trouvé. Le rapport analytique prépare au rapport de recommandation.

4.4 Le rapport de recommandation

Le rapport de recommandation va plus loin. Il exige beaucoup de préparation et de rigueur du point de vue des informations transmises. Lorsqu'on veut dénoncer ou persuader, améliorer ou modifier une situation ou encore soumettre un projet entraînant des changements importants, il faut présenter un rapport de recommandation, lequel doit proposer un plan d'action cohérent, présenté sous forme de recommandations à la suite de la conclusion. On doit tenir compte des différentes solutions possibles et expliquer pour quelles raisons telle suggestion a été retenue avant de faire ses recommandations.

Si, dans le modèle *Progression des femmes en politique au Québec*, le but du rapport avait été de persuader les femmes d'affaires de se présenter aux élections, on aurait pu en faire un rapport de recommandation. Dans ce cas, on aurait suggéré un plan d'action (des gestes concrets) en conséquence. Par exemple, on aurait pu inviter une parlementaire d'expérience à un dîner-conférence du Réseau des femmes d'affaires du Québec.

Voici un schéma de la rédaction du rapport technique, afin que vous puissiez estimer l'importance des étapes préparatoires à cette forme de rédaction.

FIGURE 4.1 Les étapes préparatoires à la rédaction du rapport technique

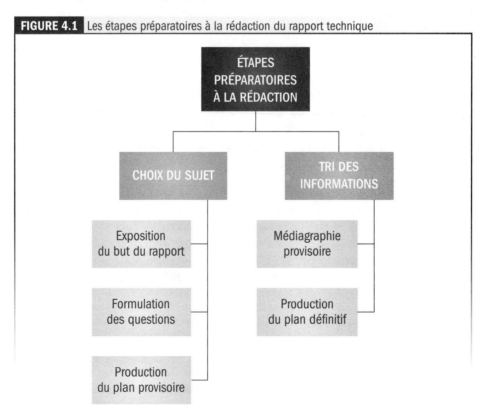

4.5 Le mémoire

Le mémoire se différencie du rapport de recommandation par le fait que ses signataires n'ont pas produit le document en vertu de leur titre de fonction (terme souvent utilisé en bureautique). Par exemple, la Chambre de commerce de Québec pourrait présenter au Conseil municipal un mémoire sur la circulation dans les rues commerçantes de la ville. Une association de parents pourrait déposer un mémoire auprès du Conseil de la radiodiffusion et des télécommunications canadiennes (CRTC) pour dénoncer la violence dans les émissions télévisées. Un individu pourrait s'adresser au Parlement du Canada pour exprimer son désaccord face à un projet de loi en exposant les raisons de son opposition. Les rédacteurs et rédactrices d'un mémoire ne sont donc pas des spécialistes du domaine abordé dans ce type de documents. Celui-ci comprend généralement plusieurs recommandations. La rédaction et la présentation matérielle du mémoire correspondent exactement à la production du rapport de recommandation.

4.6 Le plan d'affaires

Le plan d'affaires fournit l'information requise pour comprendre et évaluer la planification stratégique de l'entreprise. Il ne doit pas seulement être considéré comme un moyen de financement, mais aussi comme un outil de gestion. Il consiste à présenter sommairement l'entreprise (membres, mission, objectifs), son plan marketing (analyse du marché, de la concurrence), son plan de production (installations, équipement, approvisionnement, main-d'œuvre) et son financement. Le site Web Entreprises Canada fournit de nombreux modèles de plan d'affaires gratuits, ainsi qu'une section sur la rédaction du plan d'affaires[12]. Voici la table des matières de cette section :

- Le résumé (Description de l'entreprise)
- Décrire votre projet d'entreprise
- Stratégie de marketing et de vente d'un plan d'affaires
- Votre équipe
- Fonctionnement
- Prévisions financières d'un plan d'affaires
- Autres renseignements utiles

Le gouvernement du Québec, par son ministère du Développement économique, de l'Innovation et de l'Exportation (www.mdeie.gouv.qc.ca), offre un guide pour le démarrage d'entreprises. Plusieurs organismes et entreprises offrent des modèles de plans d'affaires. Par exemple, la Fondation canadienne des jeunes entrepreneurs propose sur son site un plan d'affaires interactif (www.fcje.ca/entrepreneurs/interactivebusinessplanner.php) et la Banque de développement du Canada offre deux gabarits (fichiers Word et Excel) et un modèle de plan d'affaires en format pdf (www.bdc.ca/fr/centre_conseils/outils/plan_affaires/Pages/plan_daffaires.aspx).

---

12. ENTREPRISES CANADA. *Rédaction de votre plan d'affaires*, [www.entreprisescanada.ca/fra/86/4877] (page consultée le 20 février 2011).

CHAPITRE 5

Le choix du sujet

OBJECTIF

Produire le plan provisoire

- Définir le but du rapport
- Formuler les questions
- Synthétiser les questions sous forme d'intertitres
- Ordonner selon la priorité

Dans les bureaux, les gestionnaires produisent des rapports analytiques ou de recommandation, dont le texte est saisi par le personnel de bureau (secrétaires, techniciens ou techniciennes en bureautique). Même s'il vous est rarement demandé de rédiger un rapport, vous devez avoir la compétence pour appuyer le travail des gestionnaires qui ne possèdent pas toujours les connaissances requises en rédaction et en présentation de documents. Il vous sera alors possible d'apporter les modifications que vous jugez essentielles, de proposer des retraits ou des ajouts, de structurer correctement le texte et d'en faire une mise en page de qualité. Ce principe s'applique à tout travail de recherche. Voici un schéma du contenu de ce chapitre, soit l'exposition du but du rapport, la formulation des questions et la production du plan provisoire, avant d'entreprendre le tri des informations.

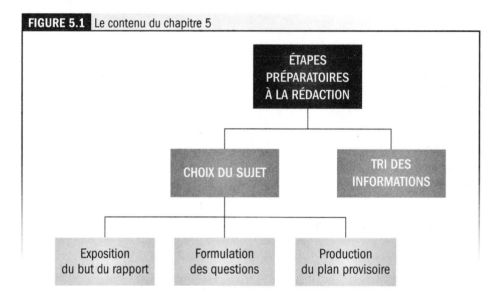

FIGURE 5.1 Le contenu du chapitre 5

Un rapport est requis lorsqu'un problème se présente dans une entreprise ou un organisme quelconque, lorsqu'on élabore un projet ou lorsqu'une amélioration ou une modification devient nécessaire. Afin de favoriser votre apprentissage, ce chapitre propose plusieurs exemples de sujets. Le sujet que vous choisirez doit être d'actualité et permettre de débattre ou de clarifier une question préoccupante.

5.1 L'exposition du but du rapport

Choisissez votre sujet selon le temps et les ressources disponibles et selon vos champs d'intérêt. L'enseignant ou l'enseignante vous orientera vers des sujets qui n'exigent pas une recherche trop difficile à cette étape du cours, de façon à accélérer l'apprentissage. Par ailleurs, il n'est pas exclu de proposer un sujet qui pourra être accepté s'il répond aux critères exigés. Formulez ensuite le but de votre rapport, point essentiel du travail. Reprenez, si vous le désirez, ce début de phrase : *Le but de ce rapport est de démontrer, d'informer, de constater ou de faire connaître*, suivi de votre choix de sujet. N'employez qu'un seul verbe à l'infinitif dans la formulation du but du rapport.

5.2 ■ La formulation des questions

Lorsque vous avez choisi votre sujet et défini son but, écrivez toutes les questions aux-quelles vous aimeriez trouver une réponse d'ici la fin de votre recherche, sans vous sou-cier de leur importance, de leur ordre de priorité ni de la documentation existant sur le sujet. Considérez les principaux aspects du problème ou du travail de recherche, puis exposez les différentes raisons pour lesquelles vous désirez y travailler. Par exemple, si vous avez choisi le sujet *La pauvreté chez les cégépiens et cégépiennes*, vous pourriez vous poser les questions suivantes :

- Qu'entend-on par pauvreté ?

- Quelle est la responsabilité financière des parents ?

- Les étudiantes et étudiants sont-ils obligés de travailler pendant leurs études ?

- Les prêts et bourses répondent-ils aux besoins actuels ?

5.3 ■ La production du plan provisoire

Attribuez un nom commun ou un intertitre correspondant à chacune des questions posées, ce qui générera les parties du plan provisoire du rapport. Ensuite, il vous faudra les classer par ordre de priorité. Par exemple :

Définition de la pauvreté

Responsabilité financière parentale

Luxe ou nécessité

Prêts et bourses

Il ne reste qu'à ajouter les points correspondant à l'introduction et à la conclusion. Pour bien structurer votre plan, numérotez-en dès le début les parties et sous-parties :

TABLEAU 5.1 ■ La numérotation des parties du rapport

Selon l'ordre traditionnel	Selon l'ordre numérique international
I (chiffres romains)	1.
A (lettres majuscules)	1.1.
1 (chiffres arabes)	1.1.1.
a (lettres minuscules)	1.1.1.1.

Dans notre exemple, cela donnerait les points suivants, correspondant aux questions posées précédemment :

1. Introduction

2. Définition de la pauvreté

3. Luxe ou nécessité

4. Prêts et bourses

5. Responsabilité financière parentale

6. Conclusion

Pour démontrer l'importance de cette façon de procéder, prenons un même sujet, la cigarette. Avant de faire des recherches, il faut établir le but du rapport et formuler des questions, ce qui peut donner les deux plans provisoires ci-après, totalement différents, à cause du but du rapport dans chacun des cas :

Premier plan provisoire *Le but de ce rapport est de vérifier quelles personnes devraient être la cible d'une campagne antitabac.*

1. Types de fumeurs

    1.1 Fumeurs réguliers

    1.2 Fumeurs occasionnels

    1.3 Fumeurs passifs

2. Groupes cibles

    2.1 Selon le sexe

    2.2 Selon l'âge

    2.3 Selon le milieu

Deuxième plan provisoire *Le but de ce rapport est de démontrer l'impact néfaste de la cigarette.*

1. Impact de la cigarette

    1.1 Sur la santé

        1.1.1 Cancer

        1.1.2 Asthme

        1.1.3 Bronchite

        1.1.4 Autres

    1.2 Sur l'économie

        1.2.1 Prix des cigarettes

        1.2.2 Soins de santé

        1.2.3 Campagnes antitabac

        1.2.4 Autres

Des exemples de production de plans provisoires

Le but de ce rapport est de sensibiliser les parents au problème de l'obésité infantile.

Questions	Plan provisoire
	1. Introduction
Qu'est-ce que l'obésité exactement?	2. Définition
Y a-t-il beaucoup d'enfants obèses?	3. Statistiques
Pourquoi le sont-ils?	4. Causes

Quelles sont les répercussions sur leur vie?	5. Répercussions
	    5.1 Conséquences physiques
	    5.2 Conséquences psychologiques
	    5.3 Conséquences sociales

Peut-on prévenir l'obésité infantile?	6. Prévention
	7. Conclusion

Le but de ce rapport est d'éclairer la clientèle sur l'utilisation des produits cosmétiques.

Questions	Plan provisoire
	1. Introduction
«Produits cosmétiques» et «produits de maquillage» sont-ils synonymes?	2. Définition

Qui achète des cosmétiques?	3. Clientèle
	    3.1 Selon l'âge
	    3.2 Selon le sexe
	    3.3 Selon les revenus

Pourquoi en achète-t-on autant?	4. Raisons d'acheter
	    4.1 Santé
	    4.2 Apparence

Quelles sont les composantes des cosmétiques?
 	
Sur qui les tests sont-ils effectués?
Quels sont les dangers liés à ces tests?
	5. Fabrication
	    5.1 Composantes
	    5.2 Tests
	        5.2.1 Cobayes
	        5.2.2 Dangers

Combien coûte la production de cosmétiques?	6. Coûts de production
L'efficacité est-elle proportionnelle au prix?	7. Rapport qualité-prix
	8. Conclusion

Dans ce rapport, nous classons les types de véhicules selon les besoins des compagnies de transport.

Questions	Plan provisoire
	1. Introduction
Quels sont les différents types de véhicules?	2. Types de véhicules
Qu'est-ce qui distingue principalement un véhicule d'un autre?	3. Caractéristiques
Pourquoi choisir tel véhicule plutôt qu'un autre?	4. Avantages et inconvénients
Y a-t-il des marques plus fiables que d'autres?	5. Marque et fiabilité
Pourquoi commander un véhicule sur mesure?	6. Commandes spéciales

Que doit-on considérer du point de vue de la sécurité et des inspections?	7. Règles de sécurité
	   7.1 Charge
	   7.2 Dimensions

	8. Inspections
	9. Conclusion

Le but de ce rapport est de réduire le décrochage scolaire.

Rapport de recommandation; le verbe « réduire » implique un plan d'action; c'est plus qu'« informer », « faire connaître » ou « aviser ».

Questions	Plan provisoire
	1. Introduction
Qui sont les décrocheurs?	2. Portrait général

Quel est le taux de décrochage au Québec?
Quels sont les groupes les plus touchés?
	3. Taux de décrochage au Québec
	   3.1 Selon le sexe
	   3.2 Selon le milieu

Jusqu'à quel âge l'école est-elle obligatoire?	4. Loi sur l'instruction publique

Quels sont les facteurs du décrochage?	5. Facteurs
	   5.1 Milieu familial
	   5.2 Difficultés d'apprentissage
	   5.3 Système scolaire

Quelles sont les conséquences du décrochage?	6. Conséquences
	   6.1 Sur le plan individuel
	   6.2 Sur la famille
	   6.3 Sur le marché du travail

Que propose le gouvernement?
Quel est le taux de décrocheurs qui font un retour aux études?
	7. Aide gouvernementale
	   7.1 Budgets alloués
	   7.2 Efficacité

	8. Conclusion
	9. Recommandations

Un plan bien structuré aide à mieux comprendre progressivement les renseignements présentés. Lorsque les faits sont regroupés dans un ordre chronologique, on parle de structure séquentielle, car ils sont analysés dans l'ordre suivant lequel ils se sont produits (par exemple, dans un compte rendu de voyage ou des rapports d'accidents).

Certains rapports peuvent adopter une structure comparative (par exemple, pour la location de nouveaux locaux à différents endroits, ou pour une analyse de méthodes traditionnelles et nouvelles). Remarquez que, dans les plans provisoires proposés en exemples, la structure thématique est privilégiée, car on détermine les aspects les plus importants du sujet et on les classe par priorité.

TABLEAU 5.2 La structure du plan

Séquentielle		Comparative		Thématique	
Compte rendu	Résultats de tests	Ouverture d'une succursale	Comparaison de produits, de logiciels	Gestion participative	Décrochage scolaire

Par exemple, dans un rapport de structure comparative au sujet du remplacement des voitures des représentants ou représentantes des ventes, on pourrait diviser le rapport de la façon suivante :

Introduction	Selon une recherche effectuée ces deux dernières semaines à la demande de la direction commerciale, le choix se limite à trois véhicules, soit les modèles A, B et C.
Considérations financières	Un tableau compare le coût d'achat et la dépréciation sur le marché des trois modèles. Une comparaison des coûts opérationnels (essence, entretien, pièces) est ensuite proposée.
Considérations sécuritaires	Les trois modèles sont une nouvelle fois comparés, selon la carrosserie, la capacité de freinage, la tenue de route, l'efficacité des ceintures de sécurité, etc.
Conclusion	Un modèle est recommandé à la suite de la comparaison des trois véhicules.

CHAPITRE 6

Le tri des informations

OBJECTIF

Trier les informations

- Connaître les sources d'information
- Produire une médiagraphie provisoire selon les normes
- Produire le plan définitif

e travail de recherche permet d'approfondir les connaissances sur un sujet donné, puis de mettre de l'ordre dans ses idées afin de les communiquer d'une façon rigoureuse. Un rapport doit être étayé de documents qui viennent appuyer ses allégations et ses recommandations. Ces données proviennent de manuels, de documents officiels, d'ouvrages de référence, de périodiques et de journaux, imprimés ou numériques.

Commencez par recueillir l'information à la bibliothèque de votre établissement scolaire ou de votre organisme. Plusieurs documents ont leur équivalent numérique, et il suffit de quelques minutes pour les consulter. Cependant, Internet ne fournit pas l'information comme par magie ; ce que vous retiendrez de cette masse de documents devra répondre au plan que vous aurez préalablement établi si vous ne voulez pas perdre de vue le but de votre travail. Par ailleurs, portez un regard particulièrement critique sur la provenance des documents mis en ligne, puisque tout le monde peut publier sans autorisation sur un tel réseau (on n'a qu'à penser à Wikipédia). Dans le cas des livres, un survol de la table des matières sera suffisant pour les retenir ou non. Vous pouvez résumer chaque ouvrage dans vos mots. Par exemple : *Ce livre traite des causes de l'échec chez les cégépiens et cégépiennes et porte une attention particulière à la combinaison travail-études.* Pour ce qui est des articles de revues ou de leurs versions numériques, faites-en une lecture rapide avant de les retenir.

Les documents ne doivent pas être copiés et collés dans votre rapport à moins d'en donner la provenance au moyen de citations (*voir* la section 7.2, Les références et les notes en bas de page). Après avoir réuni toute la documentation se rattachant à votre sujet, commencez à monter une médiagraphie provisoire. Voici le schéma de ce qui vous sera présenté dans ce chapitre.

FIGURE 6.1 Le contenu du chapitre 6

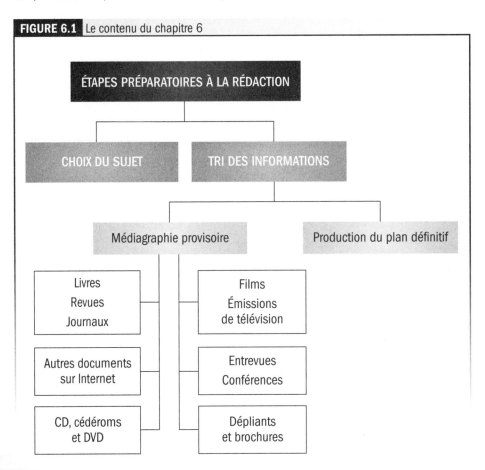

La médiagraphie provisoire

Utilisez des sources de documentation variées et non pas uniquement le Web. *Le grand dictionnaire terminologique* en ligne de l'Office québécois de la langue française définit ainsi la bibliographie : « Liste descriptive d'ouvrages qui permet l'identification de chacun d'eux » ; et il décrit ainsi la médiagraphie : « Liste de documents cités en référence, constituée de documents sur papier, de documents audiovisuels ou de documents consultables dans Internet. » Il n'existe pas de norme unique en matière de présentation des références bibliographiques. Respectez une présentation uniforme afin que les lecteurs et lectrices puissent au besoin retrouver les documents. Nous vous suggérons dans cette section une manière de présenter vos références pour différentes sources de documentation, dont les documents numériques. Les références doivent bien sûr respecter l'ordre alphabétique.

Il ne devrait jamais y avoir plus d'une source (provenance) pour une même référence. Cette erreur se produit lorsqu'on donne une référence qui ne provient pas du site original. Par exemple, le document *Faire un signalement au DPJ, c'est déjà protéger un enfant* a été publié en version imprimée par le ministère de la Santé et des Services sociaux, qui l'offre également en version pdf sur son site, à l'adresse [publications.msss.gouv.qc.ca/ acrobat/f/documentation/2008/08-838-01F.pdf]. Par ailleurs, on peut trouver ce même document pdf sur le site des Centres de la jeunesse et de la famille Batshaw, à l'adresse [batshaw.qc.ca/sites/default/files/faire-signalement-djp-08-838-01F.pdf].

Si on veut donner la référence pour les deux versions (imprimée et pdf), il faudra donner l'adresse appartenant au ministère de la Santé et des Services sociaux, qui a publié le document, et non pas l'adresse du site des Centres Batshaw, qui offre tout simplement le document sur son site. On écrira donc :

> MINISTÈRE DE LA SANTÉ ET DES SERVICES SOCIAUX. *Faire un signalement au DPJ, c'est déjà protéger un enfant*, Québec, 2008, 26 p., [publications.msss.gouv. qc.ca/acrobat/f/documentation/2008/08-838-01F.pdf].

Les livres imprimés

Pour un livre, écrivez le nom de l'auteur ou de l'auteure, son prénom, le titre et le numéro de l'édition (s'il y a lieu), le lieu de publication, la maison d'édition, l'année de publication, les tomes (s'il y a lieu), le nombre de pages et la collection (s'il y a lieu).

TABLEAU 6.1	La présentation des références
Un auteur ou une auteure	Nom de l'auteur ou de l'auteure en petites capitales, virgule, prénom en minuscules avec majuscule initale, point. Note : La particule du nom (par exemple, Philippe *de* Lamontiers) s'écrit après le prénom. RIOUX, Gaétane. LAMONTIERS, Philippe de.
Deux auteurs ou auteures	Nom et prénom du premier auteur ou auteure séparés par une virgule, virgule, conjonction « et », prénom et nom suivants, point. RIOUX, Gaétane, et Daniel THIVIERGE.
Trois auteurs ou auteures	Nom et prénom du premier auteur ou auteure séparés par une virgule, virgule, prénom et nom du deuxième, conjonction « et », prénom et nom du troisième, point. RIOUX, Gaétane, Daniel THIVIERGE et Bernard VANIER.

TABLEAU 6.1	La présentation des références (suite)
Plus de trois auteurs ou auteures	Nom de l'auteure ou auteur principal ou du premier ordonné alphabétiquement, virgule, prénom, virgule, mention « et autres » (on voit souvent *et al.* ou *et collab.* qui veut dire la même chose en latin), point. RIOUX, Gaétane, et autres.
Un ministère	Nom du ministère en petites capitales, point. Note : Pour le lieu de publication, on indique alors Québec ou Canada, après le titre. MINISTÈRE DU REVENU.
Un organisme	Nom de l'organisme en petites capitales, point. CONSEIL CANADIEN DE DÉVELOPPEMENT SOCIAL.
Un dictionnaire	Pas de mention d'auteur ou d'auteure. Nom de l'ouvrage en italique. *Le Petit Larousse illustré 2010.*
Pas d'auteur	Note : Si l'auteure ou l'auteur n'est pas précisé, on peut écrire « Anonyme ». Plusieurs écrivent « Anonyme » seulement lorsque l'auteur ou l'auteure se présente ainsi. Lorsqu'on n'écrit pas « Anonyme », le classement alphabétique se fait selon le titre du livre. ANONYME.
Le titre et le numéro de l'édition	Titre de l'ouvrage en italique séparé du sous-titre par un deux-points (s'il y a lieu), virgule. *Mise en page : un guide de conception graphique sur micro-ordinateur,* Le numéro de l'édition (s'il y a lieu), virgule. *La phytothérapie,* 1re édition,
Le lieu de publication	Lieu de la publication, virgule. Note : Si on ne précise pas de lieu, écrire [sans lieu] ou [s. l.]. Repentigny,
La maison d'édition	Maison d'édition, virgule. Modulo, Les Éditions Reynald Goulet,
L'année de publication	Année de la publication, virgule. Note : Si la date n'est pas précisée, écrire [sans date] ou [s. d.]. 2011,
Le tome	Numéro du tome ou du volume (s'il y a lieu), virgule. tome 8, tome IV, Note : Si les tomes de l'ouvrage portent des titres différents, indiquer le titre du tome, le numéro du tome, la préposition « de » suivie du titre de l'ouvrage. *Le retour du roi,* tome 3 du *Seigneur des anneaux,*
Les pages	Nombre de pages, point. 96 p.
La collection	Collection (s'il y a lieu) entre parenthèses, point. (Collection Edmond de Rotschild).

Vous écrirez donc, par exemple :

DUMONT, Micheline, et autres. *L'histoire des femmes au Québec depuis quatre siècles*, 2e édition, Montréal, Éditions Le Jour, 1992, 646 p.

PARKER, Roger C., et Lise THÉRIEN. *Mise en page : un guide de conception graphique sur micro-ordinateur*, Repentigny, Les Éditions Reynald Goulet, 1991, 341 p.

RUBIN, Maurice. *Guide pratique de phytothérapie et d'aromathérapie*, Paris, Ellipses, 2004, 192 p. (Collection Vivre et Comprendre).

TOUSIGNANT, Daniel. *Initiation au droit des affaires*, 5e édition, Montréal, Modulo, 2010, 512 p.

Les livres numériques

Les références sont souvent moins détaillées et plus difficiles à obtenir pour les livres et documents numériques, car les hyperliens conduisent directement au téléchargement. Donnez le numéro de publication, s'il y a lieu, afin d'y accéder facilement. Lorsque l'ouvrage n'est offert qu'en version électronique, il faut l'indiquer. L'adresse URL peut être écrite entre crochets, sans le protocole http :// (HyperText Transfert Protocol). Comme l'URL est donnée, la mention « en ligne » n'est pas pertinente. Enfin, il faut écrire la date de consultation. Vous écrirez, par exemple :

GROUPE D'EXPERTS INTERGOUVERNEMENTAL SUR L'ÉVOLUTION DU CLIMAT (GIEC). *Le réchauffement climatique* (résumé), 2009, 46 p., [livrespourtous.com] (document consulté le 11 novembre 2010).

HÉMON, Louis. *Maria Chapdelaine*, 136 p., [livres-et-ebooks.fr] (document consulté le 18 février 2011).

MINISTÈRE DE LA SANTÉ ET DES SERVICES SOCIAUX. *Manuel d'application : Règlement sur la certification des ressources en toxicomanie ou en jeu pathologique*, publication 10-851-07F, Québec, 2011, 63 p. (Disponible seulement en version électronique), [www.publications.msss.gouv.qc.ca/acrobat/f/documentation/2010/10-851-07.pdf] (document consulté le 2 février 2011).

Les revues imprimées

Présentez les revues imprimées comme suit :

- Nom de l'auteur ou de l'auteure comme pour les livres, point ;
- Titre de l'article entre guillemets, virgule ;
- Titre de la publication en italique, virgule ;
- Volume et numéro, virgule ;
- (Note : Dans certains cas, au lieu du volume, on indiquera, par exemple, 96e année. Il se peut qu'une revue porte deux numéros, car elle couvre deux mois. Inscrivez alors, par exemple, nos 7-8.)
- Date (généralement le mois et l'année, parfois la saison), virgule ;
- Numéros de pages de l'article (si l'article s'étend de la page 8 à la page 14, écrivez p. 8-14), point.

Vous écrirez, par exemple :

> LOUIS, Sylvie. « Il n'arrête pas un instant ! », *Enfants Québec*, vol. 13, n° 5, février-mars 2001, p. 67-68.
>
> LUCA, Johanne de. « La bonne machine », *Magazine Branchez-vous !*, n° 13, avril-mai 1998, p. 10-11.

Les revues numériques

À la référence habituelle, ajoutez l'adresse URL où trouver l'article. Il suffit parfois d'écrire le nom du site lorsque l'adresse est longue et compliquée, puisqu'elle peut changer et que les moteurs de recherche sont performants. Écrivez l'adresse au complet lorsqu'elle est courte. Il n'y a pas de pagination sur Internet, sauf dans les fichiers PDF. Il ne vous reste qu'à écrire la date de consultation entre parenthèses. Vous écrirez donc, par exemple :

> FORTIN, Martin. « Les otites chez l'enfant », *Lobe Magazine*, vol. 6, n° 1, hiver 2011, [www.lobe.ca/site/index.php?s=10&ss=410&a=631] (article consulté le 3 janvier 2011).
>
> LOUIS, Sylvie. « Il n'arrête pas un instant ! », *Enfants Québec*, vol. 13, n° 5, février-mars 2001, [enfantsquebec.com] (article consulté le 12 février 2010).
>
> LUCA, Johanne de. « La bonne machine », *Magazine Branchez-vous !*, n° 13, avril-mai 1998, [www.branchez-vous.com/magazine/13] (article consulté le 22 février 2011).

Les journaux imprimés

Présentez les journaux imprimés comme suit :

- Nom de l'auteur ou de l'auteure comme pour les livres, point ;
- Titre de l'article entre guillemets, virgule ;
- Titre du journal en italique, virgule ;
- Date (jour, mois, année), virgule ;
- Numéro de page où commence l'article (par exemple, p. B-3, et non pas toutes les pages sur lesquelles s'étend l'article).

Vous écrirez, par exemple :

> LESSARD, Denis. « Pensions alimentaires : Jacoby donne raison aux plaignants », *La Presse*, 3 septembre 1997, p. B-6.

Les journaux numériques

Pour les articles de journaux consultés en ligne, indiquez, au lieu de la page du journal imprimé, le nom du site du journal et la date à laquelle l'article a été consulté. Vous écrirez, par exemple :

> « Riopelle à l'honneur à Québec », *Le Devoir*, 21 février 2011, [www.ledevoir.com] (page consultée le 22 février 2011).

Les autres documents numériques sur Internet

Vous consulterez bien d'autres documents que des livres, revues et journaux sur Internet. Vous pourriez vous référer à un guide, à un rapport, à un mémoire, à un blogue, à des statistiques, à une page Web, à un dictionnaire en ligne, à un courriel, à une infolettre, etc. Pour les courriels ou les infolettres, écrivez le nom de l'expéditeur ou de l'expéditrice, l'objet du message, «courriel à» ou «infolettre à» suivi du nom de la ou du destinataire, l'adresse courriel de l'expéditeur ou de l'expéditrice et la date de transmission. Vous écrirez, par exemple:

BELL CANADA. *L'histoire de Bell*, [bce.ca/fr/aboutbce/history/index.php] (page consultée le 3 janvier 2011).

CARON, Rosaire. *Comment citer un document électronique?*, Bibliothèque de l'Université Laval, [bibl.ulaval.ca/doelec/citedoce.html] (page consultée le 21 mars 2011).

COMMISSION DE TOPONYMIE. *Banque de noms de lieux du Québec*, [www.toponymie.gouv.qc.ca] (site consulté le 4 septembre 2010).

CONDO, Jean-Charles. *Coup de filet contre l'hameçonnage*, [www.branchez-vous.com/actu/06-02/10-154507.html] (page consultée le 23 février 2009).

GOULET, Sébastien. *Médias sociaux: domination écrasante de Facebook, autant en portée qu'en revenus publicitaires*, [pubinteractive.ca] (page consultée le 6 février 2011).

LA CAPITALE. *Ma vie, mon patrimoine*, infolettre à Nicole Vachon, [infolettre@lacapitale.com], 12 janvier 2011.

OFFICE QUÉBÉCOIS DE LA LANGUE FRANÇAISE. *Le grand dictionnaire terminologique*, [granddictionnaire.com] (site consulté le 23 mars 2009).

PUBINTERACTIVE SG. *Numériseur*, courriel à Nicole Vachon, [sgoulet@pubinteractive.ca], 7 juin 2011.

RÉGIE DES RENTES DU QUÉBEC. *Guide du bénéficiaire: prestations de survivants*, Québec, janvier 2010, 16 p., [rrq.gouv.qc.ca] (document consulté le 22 février 2011).

STATION CENTRALE. *Voyage en autocar vers les États-Unis*, courriel à Nicole Vachon, [info@stationcentrale.com], 9 décembre 2010.

STATISTIQUE CANADA. *Les industries canadiennes du transport de passagers par autobus et du transport urbain*, 16 p., [www.statcan.gc.ca/pub/50-002-x/50-002-x2010007-fra.pdf] (document consulté le 14 février 2011).

VACHON, Nicole. *Mémoire*, courriel au Comité consultatif chargé du projet de loi C-32, [nicovachon@videotron.ca], 30 janvier 2011.

TABLE QUÉBÉCOISE DE LA SÉCURITÉ ROUTIÈRE. *Deuxième rapport de recommandations: pour poursuivre l'amélioration du bilan routier*, novembre 2009, 55 p., [www.securite-routiere.qc.ca/Pages/Publications.aspx] (document consulté le 12 avril 2011).

Les CD, les cédéroms et les DVD

Pour les disques optiques numériques de tous types, inscrivez le nom de l'auteur ou de l'organisme, le titre, le support entre crochets, le lieu, le producteur ou la productrice, l'année et la durée, si disponible. Tout autre élément pouvant aider à retrouver le document sera ajouté. Vous écrirez, par exemple :

> KARKWA. *Les chemins de verre* [CD], Montréal, Audiogram, 2010, 47 min.
>
> COMMISSION DE TOPONYMIE. *Si chaque lieu m'était conté* [cédérom], Les Publications du Québec, 1997, ISBN 2-551-17324-8.

Les films

Afin de respecter la même façon de faire, pour les films, indiquez le nom du réalisateur ou de la réalisatrice (l'auteur ou l'auteure), puis le titre en italique, la maison de production, l'année et la durée. Vous écrirez, par exemple :

> ARCAND, Denys. *Les invasions barbares*, Alliance Vivafilm, 2003, 210 min.
>
> GODBOUT, Jacques. *Traître ou patriote*, Office national du film du Canada, 2000, 84 min.

Les émissions de télévision

Présentez les émissions de télévision comme suit :

- Nom du réseau en petites capitales, point ;
- Sujet spécifique entre guillemets (s'il y a lieu), virgule ;
- Titre de l'émission en italique, virgule ;
- Lieu de production, virgule ;
- Date et durée, virgule ;
- Adresse URL (s'il y a lieu et facultatif ; ces liens changent rapidement ; lorsqu'on a suffisamment d'informations pour trouver le document, on peut éviter de l'ajouter), point.

Vous écrirez, par exemple :

> SOCIÉTÉ RADIO-CANADA. «La couleur de la peau», *Découverte*, Montréal, 2 avril 2009, 10 min.
>
> SOCIÉTÉ RADIO-CANADA. *La course destination monde*, Montréal, 30 mai 2005, 60 min.
>
> SOCIÉTÉ RADIO-CANADA. «Grandeurs et misères des garderies familiales», *Enjeux*, Montréal, 9 décembre 2003, 22 min.
>
> SOCIÉTÉ RADIO-CANADA. «Un homme parmi les femmes», *Enjeux*, Montréal, 28 septembre 2004, 22 min.
>
> TÉLÉ-QUÉBEC. «Accros au plastique», *Planète science*, Montréal, 7 février 2011, 60 min.

Les entrevues

Indiquez le nom et le prénom de la personne ou de l'organisme qui fait passer l'entrevue, les mots « Entrevue avec » (si ces mots ne sont pas déjà dans le titre) suivis du nom de la personne interviewée et son titre (au besoin), le lieu, le diffuseur (s'il y en a un) et la date. Vous écrirez, par exemple :

TREMBLAY, Régis. « Entrevue de rêve avec Paul McCartney », *Le Soleil*, Québec, 18 juillet 2008.

MAISONNEUVE, Pierre. Entrevue avec Richard Desjardins, réalisateur de *L'erreur boréale*, Montréal, Radio-Canada, 8 septembre 1999.

VACHON, Nicole. Entrevue avec Francis Villeneuve, coordonnateur du Service des communications, Ville de Saint-Augustin, Québec, 8 mai 2009.

Les conférences

Présentez les conférences comme suit :

- Nom et prénom de la personne donnant la conférence, point ;
- Mot « Conférence » suivi du titre de la conférence en italique, virgule ;
- Titre de la personne ou organisme représenté (s'il y a lieu) ;
- Lieu de la conférence, virgule ;
- Date de la conférence, point.

Vous écrirez, par exemple :

GODBOUT, Karine, et Josée BASTIEN. Conférence *La violence faite aux enfants*, organisme communautaire Espace Chaudière-Appalaches, Lévis, 13 juin 2006.

PICHÉ, Claude. Conférence *L'Actualité économique et financière*, Caisse populaire Desjardins, Boucherville, 12 avril 2011.

Les dépliants et les brochures

Présentez les dépliants et les brochures comme suit :

- Nom de l'auteur ou de l'auteure, point ;
- Titre et sous-titre (s'il y a lieu) en italique, virgule ;
- Maison d'édition (s'il y a lieu), virgule ;
- Lieu de production, virgule ;
- Date, virgule ;
- Numéro du dépliant (s'il y a lieu), virgule ;
- Nombre de pages, point.

Vous écrirez, par exemple :

CAISSE DESJARDINS DU PLATEAU MONTCALM. *Fusion informatique*, Québec, 29 janvier 2011, 2 p.

RÉGIE DES RENTES DU QUÉBEC. *Guide du bénéficiaire : prestations de survivants*, Québec, janvier 2010, 16 p.

6.2 La production du plan définitif

Vous avez accumulé votre matériel en suivant le plan provisoirement établi pour votre rapport. Vous avez mis de l'ordre dans ces documents et fait des découvertes, puis vous avez classé le tout dans un ordre logique. Cette documentation vous permet maintenant d'établir le plan définitif de votre rapport.

Si vous comparez le plan provisoire d'un rapport relatif aux secteurs d'emploi de l'avenir et le plan définitif du même rapport, ci-après, vous comprendrez que l'information recueillie a obligé les rédacteurs et rédactrices à modifier leur plan. En effet, ils n'ont rien trouvé de vraiment pertinent, écrit dans les années 2000, sur les emplois de l'avenir. Par contre, plusieurs articles expliquaient que l'utilisation d'outils informatiques complexes et le bilinguisme étaient très importants pour décrocher un emploi. La formation technique était vue comme un atout en ce qui a trait aux emplois futurs, ce que les rédacteurs et rédactrices ne soupçonnaient pas lorsqu'ils ont rédigé le plan provisoire.

TABLEAU 6.2 La comparaison d'un plan provisoire et d'un plan définitif

Plan provisoire	Plan définitif
1. Introduction	1. Introduction
2. Emplois de l'avenir en 2000	[Rien trouvé à ce sujet digne d'intérêt]

3. Emplois en 2010
   3.1 Pourcentages par secteurs
   3.2 Salaires liés aux secteurs
   3.3 Préalables
	2. Emplois en 2010
	   2.1 Secteurs d'avenir
	   2.2 Titres d'emploi
	[On a dû prévoir un point particulier avec les préalables, car cette facette était très importante.]

4. Langue et emploi	3. Préalables
	   3.1 Études
	   3.2 Langues parlées et écrites
	   3.3 Informatique

5. Travail autonome	4. Techniques [L'offre pour des emplois de techniciens et techniciennes est grande, réalité qu'on a dû prendre en considération.]
6. Conclusion	5. Salaires
	6. Travail autonome
	7. Conclusion

CHAPITRE 7

La rédaction d'un rapport technique

OBJECTIF

Rédiger un rapport technique

- Rédiger l'introduction
- Rédiger le développement
- Rédiger la conclusion
- Rédiger les recommandations

Les rapports peuvent porter sur la baisse ou la hausse des profits de l'entreprise, la fusion de firmes, la fabrication d'un nouveau produit, le budget alloué à la publicité sur le Web, l'acquisition d'immeubles, l'achat d'équipement, les besoins en formation du personnel, l'offre de nouveaux services, la gestion de l'entreprise, la quantité ou la qualité du travail effectué périodiquement par le personnel ou encore l'étude de faisabilité d'un projet quelconque. L'indicatif présent, qui sert à décrire des faits actuels ou permanents, est généralement utilisé dans un rapport. Le passé composé démontre un cheminement ou rapporte des faits terminés au moment de la rédaction. Le futur et le conditionnel peuvent s'employer lorsqu'on parle de projets d'avenir ou lorsqu'on présente des hypothèses.

Comme tout travail de recherche, le rapport comprend une introduction, un développement et une conclusion. Combien de fois avons-nous tardé à commencer la rédaction d'un rapport parce que nous ne savions pas comment débuter ? Même si plusieurs conseillent de rédiger l'introduction à la fin du rapport, nous recommandons de le faire au commencement, étant donné que le plan permet de le faire très facilement et que cette façon logique de procéder évite de dévoiler les éléments de la conclusion au début du rapport (à moins que ce ne soit voulu). Voici le schéma de ce qui sera présenté dans ce chapitre.

FIGURE 7.1 Le contenu du chapitre 7

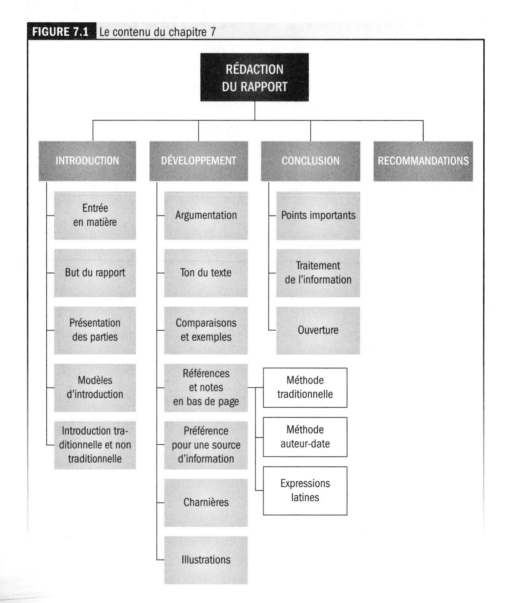

L'introduction

L'introduction expose aux lecteurs et lectrices l'objet du rapport et les invite à en poursuivre la lecture. Elle comprend trois parties : l'entrée en matière qui amène le sujet (sujet amené), l'énonciation du but du rapport (sujet posé) et la présentation des parties selon l'ordre établi par le plan définitif (sujet divisé). Elle ne doit pas contenir d'explications, que l'on trouvera plutôt dans le développement. Lorsque la portée du rapport l'exige, l'introduction présente les circonstances qui ont mené à la rédaction du rapport ou expose la méthode utilisée pour la composition du document ; on peut même expliquer la raison pour laquelle on a décidé d'adopter une méthode plutôt qu'une autre. Il arrive parfois, dans les rapports techniques, qu'on dévoile dans l'introduction la solution retenue, étant donné que les gestionnaires veulent avoir une réponse à leurs questions très rapidement. Nous verrons, après avoir étudié la façon de faire traditionnelle, comment procéder pour incorporer la décision rendue ou l'hypothèse retenue dans l'introduction, ce qui demeure inhabituel.

L'entrée en matière

Le rapport comprend généralement une entrée en matière, à moins qu'il ne soit un rapport d'activités (où l'on se doit d'aller droit au but) ou qu'il ne traite d'une question spécifique (souvent liée aux finances), comme dans l'exemple qui suit.

> **Exposé d'un problème spécifique dans un rapport analysant la baisse des ventes**
>
> En 2010, les ventes ont été de 562 000 $ comparativement à 800 000 $ en 2009, malgré une hausse des coûts publicitaires de l'ordre de 10 %.

Selon le contexte, l'entrée en matière peut présenter l'auteur ou l'auteure, en gardant en mémoire le profil des destinataires.

L'entrée en matière part d'une idée générale pour amener le sujet, mais ne doit pas empiéter sur le but du rapport. Par exemple, dans un rapport sur la maltraitance, ce mot (ou un synonyme) ne doit pas figurer dans l'entrée en matière. Celle-ci, une phrase ou un paragraphe, doit éveiller l'intérêt des destinataires, les surprendre, leur donner le goût d'en savoir davantage sur une question ou les faire réagir à une situation. L'actualité, les résultats d'un sondage, des montants d'argent, des statistiques, un désir universel, une question fréquente, une citation célèbre, voilà autant de façons d'amener le sujet. Si vous regardez des articles de journaux ou de revues, vous pourrez clairement reconnaître l'entrée en matière, laquelle se trouve dans la ou les premières phrases de l'article.

Voici plusieurs exemples d'entrée en matière.

Entrée en matière d'un rapport sur la façon d'investir à la Bourse

Le pays traverse actuellement une période d'incertitude économique. Les spécialistes de la finance attribuent une partie de la morosité actuelle au manque de confiance des consommatrices et consommateurs, qui voient leur niveau de vie décroître tout en se sentant menacés par le chômage. Les petits épargnants et épargnantes s'interrogent sur la meilleure façon de faire fructifier leurs économies à l'heure où les taux d'intérêt oscillent entre 2 et 3 %.

Entrée en matière d'un rapport sur l'obligation des compagnies de transport de considérer de nouvelles sources d'énergie

Depuis l'invention de l'automobile, les moyens de transport ont beaucoup évolué. Dans un contexte où le prix du pétrole ne cesse d'augmenter et la pollution de s'aggraver, les compagnies de transport doivent être à la fine pointe de la technologie. Que ce soit par de nouveaux procédés ou des outils de travail plus efficaces, les entreprises qui se démarquent le plus sont celles qui n'hésitent pas à combiner l'écologie avec l'économie.

Entrée en matière d'un rapport voulant faire la lumière sur l'état du transport en commun dans la ville de Québec

Depuis un peu plus d'un siècle, l'être humain sent le besoin de se déplacer de plus en plus loin, de plus en plus souvent et de plus en plus vite. Les moyens de transport et le nombre d'utilisateurs et d'utilisatrices ne cessent d'augmenter, avec pour résultat des heures de pointe infernales et une perte de temps considérable.

Entrée en matière d'un rapport voulant renseigner sur la rigolothérapie

De plus en plus d'humoristes rivalisent avec les spécialistes de la santé. La société actuelle a besoin de se changer les idées, de se distraire, d'oublier le quotidien et de se moquer d'elle-même.

Entrée en matière d'un rapport visant à sensibiliser le public au problème de l'obésité infantile

Saviez-vous que seulement la moitié des écoles a jugé bon d'adopter une politique alimentaire et que certaines cafétérias scolaires font concurrence aux chaînes de restauration rapide pour retenir les jeunes entre leurs murs à l'heure du dîner ?

Le but du rapport

Le but du rapport est la partie la plus facile à rédiger puisque ce travail a été fait préalablement, à l'étape du plan provisoire (*voir* chapitre 5). Votre phrase commencera par les mots *Le but de ce rapport est de...* Évidemment, vous pouvez peaufiner et reformuler cette phrase rédigée dans sa forme la plus concise, mais l'objectif demeure le même. S'il y a lieu, c'est à cet endroit qu'on indiquera l'origine du mandat. Par exemple, on dira :

> **À la demande du directeur général, M. Patrice Messier**, nous vous présentons un rapport sur l'attribution de sous-contrats dans la production des pièces en aluminium. **Ce rapport sera transmis au conseil d'administration.**

Il est à souligner que le titre du rapport doit en résumer le but. C'est pourquoi vous devez toujours relire le but du rapport avant de lui attribuer un titre.

TABLEAU 7.1 Des exemples de buts de rapports et de leurs titres	
Le but de ce rapport est de conseiller le public en général sur l'investissement à la Bourse.	*La Bourse et vous*
Ce rapport veut vous informer des résultats des entrevues pour le poste de directeur du Service des ressources humaines.	*Embauche du directeur, Service des ressources humaines*
Le but de ce rapport est d'exposer les avantages pour notre salon de coiffure de louer un local dans un centre commercial plutôt que de renouveler le bail actuel.	*Avantages de la location d'un local commercial*
L'objectif visé par ce rapport est de vous faire connaître les réalisations de notre Comité santé et sécurité au travail.	*Réalisations du Comité santé et sécurité au travail*
Le but de ce rapport est de favoriser l'intégration en milieu scolaire des enfants atteints de dyslexie.	*Intégration des enfants dyslexiques en milieu scolaire*
Dans ce rapport, nous classons les types de véhicules selon les besoins des compagnies de transport.	*Types de véhicules en transport routier*

Dans le rapport intitulé *Progression des femmes en politique au Québec* (*voir* chapitre 9), le but est de démontrer que le nombre de femmes en politique augmente progressivement au Québec. Un titre comme *Le pouvoir des femmes* ou *Les femmes et la politique* serait trop général.

Dans certains rapports, il y a lieu d'indiquer la méthode de travail ou de recherche qui a été adoptée. Les recherches peuvent avoir été faites en bibliothèque ou en ligne, ou plutôt au moyen de consultations, de sondages ou d'entrevues. La méthodologie peut aussi se rapporter à une façon quelconque d'opérer, de calculer ou de procéder. Par exemple :

> Sur 300 élèves de 4e secondaire de sexe masculin, répartis dans 3 écoles différentes, 218 ont répondu à un questionnaire d'opinion anonyme dont les réponses demeurent confidentielles.

> Nous avons d'abord recueilli de l'information dans les périodiques récents et auprès d'organismes gouvernementaux. Nous avons ensuite procédé à une enquête auprès de personnes âgées vivant en institution depuis plus de deux ans.

La présentation des parties

Dans un même paragraphe, après l'exposition du but, la présentation des parties du rapport doit respecter le plan selon l'ordre des points. Il ne s'agit pas d'en faire une énumération précédée de tirets. Il n'y a pas lieu de reproduire les intertitres (subdivisions) mot à mot non plus, mais bien de faire connaître dans vos mots les questions qui seront traitées. Lorsqu'un point est subdivisé (par exemple : 6. Personnes concernées, 6.1. Selon l'âge, 6.2. Selon les limites de la pratique médicale), vous pouvez ou non inclure les subdivisions ; cependant, si vous les incluez, faites-le pour tous les points. Enfin, il est important de ne pas anticiper sur les résultats finals dans l'introduction, à moins que vous ayez décidé de le faire pour informer promptement les gestionnaires d'une décision attendue. Voici quelques exemples de rédaction de l'introduction, en suivant la méthode traditionnelle. Évidemment, le but du rapport a d'abord été défini et le plan provisoire a déjà été établi. Remarquez deux points importants :

- Tous les points sont des noms communs précédés ou non d'un article défini (la, le, les), ce qui est facultatif. Si vous employez un article défini, vous devez le faire pour tous les points ou intertitres. La structure pour les intertitres et leurs subdivisions pourra être différente, pour autant que vous respectiez la même façon de faire dans les deux cas.
- Les points *Introduction*, *Conclusion* et *Recommandations* peuvent être numérotés ou non. Ce choix aura une influence sur la présentation matérielle du rapport (*voir* le chapitre 8). Dans la table des matières, le point *Médiagraphie* suivra sans être numéroté.

Des modèles d'introduction

Maintenant que vous avez vu les trois parties de l'introduction, examinez les exemples qui suivent. Il s'agit d'introductions complètes, rédigées à partir de différentes tables des matières. Pour que vous réalisiez l'importance du plan, converti en table des matières, les premiers exemples introduisent le même sujet, mais traité différemment selon le but du rapport.

Sujet:	**L'EUTHANASIE** *(1er modèle)*

1. Introduction

2. Définition

3. Légalisation dans le monde

4. Religion

5. Raisons invoquées

6. Personnes concernées

    6.1. Selon l'âge

    6.2. Selon les limites de la pratique médicale

7. Procédés utilisés

8. Cas

9. Conclusion

Médiagraphie

Entrée en matière: La société actuelle est constamment aux prises avec la détermination des droits de tout le monde. Plusieurs prônent le droit à la vie, le droit à l'avortement, le droit à l'égalité... pourquoi pas le droit à la mort?

But du rapport: Le but de ce rapport est de démontrer pourquoi il est si difficile de légiférer lorsqu'on parle d'euthanasie.

Présentation des parties: Nous définissons d'abord l'euthanasie. Il est ensuite question de la légalisation du droit à la mort dans le monde, et ce, en lien avec les convictions religieuses. Les raisons qui poussent des gens à faire un tel choix sont considérées. Nous voyons également qui se montre concerné par l'euthanasie avant d'étudier les procédés utilisés. La dernière partie présente l'analyse de quelques cas de personnes qui ont réclamé l'euthanasie ou encore prié leurs proches d'abréger leurs souffrances.

Sujet: *(même que précédent)*	**L'EUTHANASIE** *(2ᵉ modèle)*

INTRODUCTION

1. Définition

    1.1. Euthanasie active

    1.2. Euthanasie passive

2. Aspect légal

3. Statistiques

4. Qualité de vie ou longévité

CONCLUSION

MÉDIAGRAPHIE

Entrée en matière:	M. Raphaël Boutin, médecin et ancien directeur médical de l'Hôpital Notre-Dame de Montréal pendant 36 ans, réclamait le droit de mourir dignement, au moment choisi. Il n'a jamais pu exercer ce choix, considéré comme un acte criminel au Canada.
But du rapport:	Le but de ce rapport est de démontrer que l'euthanasie préoccupe de plus en plus la population canadienne.
Présentation des parties:	Nous expliquons d'abord ce qu'est l'euthanasie et comment elle est régie par la loi au Canada. Quelques statistiques révèlent si la population accepte ou refuse de recourir à ce procédé. Enfin, nous exposons les raisons justifiant le choix entre la qualité de vie et la longévité.

Sujet :   LE SYSTÈME CARCÉRAL QUÉBÉCOIS
(1er modèle)

INTRODUCTION

1. Les centres de détention du Québec

   1.1. Sécurité maximale

   1.2. Sécurité intermédiaire

   1.3. Sécurité minimale

2. La population carcérale

   2.1. Hommes

   2.2. Femmes

3. La surpopulation des établissements

4. Les peines d'emprisonnement

5. Les libérations conditionnelles

6. Les ordonnances de probation

7. Les solutions de rechange

   7.1. Amende honorable

   7.2. Jour-amende

   7.3. Travail aux ex-détenus

CONCLUSION

MÉDIAGRAPHIE

Entrée en matière :   De nos jours, les actes criminels sont devenus monnaie courante : meurtres, vols, viols, agressions au domicile... Les médias en sont inondés, et la justice ne sait plus quoi faire des coupables. Aussi redonne-t-on leur liberté aux prisonniers les fins de semaine, encourageant ainsi les récidives et générant de nouvelles condamnations.

But du rapport :   Le but de ce rapport est de démontrer l'engorgement des prisons du Québec.

Présentation des parties :   Nous présentons d'abord les types d'établissements de détention au Québec afin de définir les catégories de centres d'incarcération. Ensuite il est question de la population carcérale, avant de démontrer que l'engorgement des prisons représente un problème de taille. Enfin, nous analysons l'impact du surpeuplement carcéral sur les peines d'emprisonnement des détenus, les libérations conditionnelles et les ordonnances de probation, avant de jeter un regard critique sur les solutions de remplacement à l'emprisonnement.

Sujet :
(même que précédent)

LE SYSTÈME CARCÉRAL QUÉBÉCOIS
(2ᵉ modèle)

1. Introduction
2. Nombre et types de prisons
3. Libération conditionnelle
   3.1. Définition
   3.2. Formes
   3.3. Principes
   3.4. Application
   3.5. Conditions
4. Coût d'un prisonnier
5. Quotidien d'un prisonnier
6. Conclusion
   Médiagraphie

Entrée en matière : On peut se demander si le nombre et la diversité des institutions répondent toujours aux besoins grandissants et de plus en plus complexes des individus, y compris ceux et celles vivant en marge de la société.

But du rapport : Le but de ce rapport est de dessiner un portrait général du système carcéral au Québec.

Présentation des parties : Nous traitons en premier lieu du nombre et du type de prisons québécoises pour ensuite décrire les nombreuses facettes de la libération conditionnelle. Enfin, nous prenons en compte le coût annuel des détenus, selon l'établissement, avant de donner une vue d'ensemble du quotidien de ces personnes.

Sujet :	**L'INTÉGRATION DES ENFANTS DYSLEXIQUES EN MILIEU SCOLAIRE**

1. Introduction

2. Définition

3. Formes de dyslexie

4. Causes

5. Groupes cibles

6. Diagnostic

7. Traitements

8. Intégration

9. Conclusion

10. Recommandations

Médiagraphie

Entrée en matière : Heureusement, notre attitude envers les enfants aux cheminements particuliers d'apprentissage a évolué, et nous les reconnaissons de plus en plus comme des apprenants et apprenantes à part entière. Le milieu scolaire travaille en ce sens, en tenant compte du fait que chaque enfant est unique et évolue à son rythme. L'école essaie de s'adapter aux jeunes pour qu'ils et elles trouvent leur place et se développent sous tous les plans.

But du rapport : Le but de ce rapport est de favoriser l'intégration en milieu scolaire des enfants atteints de dyslexie.

Présentation des parties : Après avoir défini la dyslexie, nous rendons compte de ses différentes formes et de leurs causes. Nous ciblons les personnes atteintes de ce trouble, avant de décrire les méthodes pour diagnostiquer ce problème et les traitements offerts. Nous abordons ensuite la question des moyens utilisés pour aider un enfant dyslexique à s'intégrer dans sa classe. Enfin, nous proposons quelques recommandations afin de pallier ce problème.

Sujet :	**LE TRANSPORT EN COMMUN DANS LA VILLE DE QUÉBEC**

Introduction

1. Origines

2. Types de véhicules

    2.1. Autobus

    2.2. Taxis

3. Services offerts

4. Rentabilité

5. Impact

    5.1. Environnemental

    5.2. Économique

6. Désintérêt

7. Améliorations

Conclusion

Médiagraphie

Entrée en matière :	L'étalement urbain et la facilité de se procurer un véhicule et de se déplacer ont engendré des problèmes croissants d'engorgement dans l'ensemble du réseau routier de la ville de Québec. Les véhicules et le nombre d'utilisateurs et d'utilisatrices ne cessent d'augmenter, avec pour résultat des heures de pointe infernales et une perte de temps considérable.
But du rapport :	Ce rapport veut faire la lumière sur l'état du transport en commun dans la ville de Québec.
Présentation des parties :	Pour ce faire, nous proposons un retour aux origines du transport en commun, puis nous tenons compte des types de véhicules utilisés actuellement et des services offerts par le Réseau de transport de la Capitale. Nous posons ensuite la question de la rentabilité et analysons les répercussions sur l'environnement et l'économie. Nous ne pouvons passer sous silence le désintérêt de la population envers le transport en commun, avant de considérer les améliorations à apporter au système.

L'introduction traditionnelle par opposition à l'introduction non traditionnelle

Voyons maintenant quelques exemples d'introduction traditionnelle et non traditionnelle, plus technique, dans laquelle la décision prise ou la solution retenue figure dans la présentation des parties du rapport.

Voici un premier exemple d'introduction traditionnelle :

> À l'heure de la mondialisation des marchés, les commerces de petite taille doivent utiliser toutes leurs ressources pour faire face à la compétition des magasins à grande surface.
>
> Le présent rapport fait suite à une demande de prêt de l'Épicerie Tremblay inc. pour financer l'agrandissement de son commerce. Nous faisons d'abord l'histoire de cet établissement depuis son ouverture en 1984, tant en ce qui a trait à son implantation qu'en ce qui regarde son crédit et son chiffre d'affaires. Nous tenons compte de sa position par rapport à la concurrence et à la clientèle desservie. Nous présentons enfin nos recommandations quant au prêt demandé.

Voici le même exemple avec une introduction non traditionnelle :

> Nous présentons enfin nos recommandations en faveur de l'octroi du prêt demandé par l'Épicerie Tremblay inc., selon certaines conditions.

Voici un deuxième exemple d'introduction traditionnelle :

> Depuis quelques années, le Québec a subi de grands changements économiques qui ont causé du mécontentement dans la population. Ce ne sont pas des millions de dollars qui échappent au fisc mais bien 70 milliards de dollars traités illégalement. Cette pratique largement répandue touche aussi bien les pays riches que les pays pauvres, et le Québec ne fait pas exception à la règle. Le gouvernement n'arrive pas à empêcher l'expansion de cette économie souterraine.
>
> Le but de ce rapport est de proposer une solution de remplacement au travail au noir. Après avoir décrit le travail au noir, nous analysons les catégories de personnes qui le pratiquent en comparant le Québec à l'Europe et aux États-Unis. Il est question des domaines les plus touchés par ce phénomène et des raisons personnelles invoquées par les Québécois et Québécoises pour justifier leur choix. Nous en profitons pour présenter les facteurs importants liés à ce phénomène, dont le taux de chômage, l'impôt et la prohibition de certains produits et services. Par la suite, nous présentons la Loi sur le soutien du revenu et favorisant l'emploi et la solidarité sociale avant de parler du contrôle de cette activité illicite et des poursuites encourues. Nous abordons aussi la question des conséquences économiques du travail au noir, ce qui nous amène à nous pencher sur les avantages escomptés et les inconvénients subis par les parties concernées. Enfin, nous posons les jalons d'une stratégie d'intervention pour combattre ou du moins enrayer ce fléau des temps modernes.

Voici le même exemple avec une introduction non traditionnelle :

> Nous posons les jalons d'une stratégie d'intervention pour combattre le travail au noir par des contrôles accrus du gouvernement tant pour les individus que pour les entreprises, notamment dans les secteurs de la construction et de la restauration, par la réduction des taxes sur les vins et les spiritueux pour décourager la contrebande ainsi que par la diffusion des messages publicitaires informant la population qu'elle paie les impôts de ceux et celles qui ne les paient pas.

Voici un dernier exemple d'introduction non traditionnelle :

> L'ensemble de ces informations nous permet, dans la cinquième partie du présent rapport, de formuler nos recommandations : A) à l'équipe, laquelle doit voir à améliorer la coordination entre les conseillers et les représentants ; et B) au chef de la division, lequel devrait, pensons-nous, allouer les ressources nécessaires à l'embauche de personnel de soutien supplémentaire.
>
> C'est d'ailleurs ce dernier point que nous avons retenu aux fins de notre conclusion. Notre but est d'apporter de nouvelles justifications à cette demande imprévue[13].

13. Jean ROBILLARD. *Les communications d'affaires : style, efficacité, méthode*, Montréal, Éditions Saint-Martin, 1992, p. 76.

L'introduction – 1re partie

1. Un élément n'est pas logique dans la table des matières suivante.
   Faites la correction qui s'impose.

TABLE DES MATIÈRES

2. Lisez le début d'introduction suivant (entrée en matière et but du rapport)
   et donnez un titre au rapport qui s'y rattache.

Les consommatrices et consommateurs sont de plus en plus exigeants par rapport aux nouveaux produits sur le marché. Ils veulent être les premiers à se les procurer. Afin de répondre à la demande, les magasins et commerces de vente au détail doivent s'assurer d'obtenir leurs marchandises à temps, ce qui pose un problème de logistique aux compagnies de transport routier. En effet, celles-ci doivent trouver une façon d'acheminer les marchandises du fabricant jusqu'aux détaillants. Parmi ces techniques, nous pouvons penser au transport par conteneur, au transport par avion ou au transport par train, la technique la plus efficace étant le transport par train routier. Cependant, cette récente méthode d'acheminement de produits implique des règles strictes qui nuisent à son efficacité.

Le but de ce rapport est de trouver des solutions aux problèmes d'accès des trains routiers dans les villes du Québec.

Titre :

_____

3. L'introduction comprend l'entrée en matière, le but du rapport et la présentation des parties. Rédigez la présentation des parties qui correspond à la table des matières corrigée de la question 1.

_____
_____
_____
_____
_____
_____
_____
_____
_____
_____
_____

4. Lisez le but de l'exemple de rapport suivant et trouvez-lui un titre pertinent.

L'entreprise d'aujourd'hui subit quotidiennement les conséquences de l'ouverture des marchés et de la mondialisation. La compétition, jadis restreinte à l'échelle locale ou régionale, est passée à l'échelle nationale et se situe bien souvent, désormais, à un niveau international. Nos commerces regorgent de produits importés, notamment dans les industries textile, alimentaire, sportive et automobile.

Le but de ce rapport est de favoriser l'exportation des produits québécois à l'étranger. Nous énonçons d'abord les raisons qui poussent les entreprises à exporter et évaluons le potentiel d'exportation d'une entreprise. Nous abordons ensuite la question de l'étude de marché et des éléments qui la composent, soit l'évaluation des marchés, la collecte d'informations et l'accessibilité du marché cible. Nous analysons le marketing et les différentes stratégies d'entrée sur un marché étranger, c'est-à-dire les intermédiaires, la vente directe et le partenariat. Nous tenons compte de l'expédition et plus particulièrement de trois de ses composantes : le choix du mode de transport, la préparation des documents, l'emballage et le marquage. Nous indiquons que les sources de financement permettent ensuite d'élaborer un plan d'exportation. Finalement, nous signalons les difficultés liées à l'exportation avant d'émettre des recommandations afin d'inciter les commerçants du Québec à exporter leurs produits.

Titre :

_____

5. Complétez la table des matières du rapport de la question 4.

1. Introduction

2. Raisons d'exporter

3. _____

4. _____

   4.1 _____

   4.2 _____

   4.3 _____

5. _____

_____

_____

_____

_____

_____

_____

_____

_____

_____

_____

Conclusion

Recommandations

Médiagraphie

6. Lisez l'introduction ci-dessous et donnez un titre approprié au rapport qui s'y rattache.

Malgré les nombreuses campagnes de sensibilisation faites par le gouvernement du Québec, les décès sur les routes ne cessent d'augmenter. Comment pourrait-on en diminuer le nombre ?

Le but de ce rapport est d'enrayer la somnolence au volant. Nous définissons d'abord la somnolence en tenant compte de son lien avec l'insomnie et nous ciblons les personnes susceptibles d'en éprouver le malaise. Nous compilons ensuite quelques statistiques liées tant au travail qu'au quotidien. Nous considérons également les effets de l'alcool ou de diverses drogues sur la conduite avant d'examiner les principales causes de ce danger routier. Enfin, nous reprenons les solutions préconisées par divers organismes pour combattre ce problème, avant de formuler de nouvelles recommandations.

Titre :

_____

7. Produisez la table des matières du rapport de la question 6.

L'introduction – 2ᵉ partie

1. Voici la table des matières et l'introduction d'un mémoire intitulé *Dénonciation du projet de loi C-32 sur le droit d'auteur*, lequel doit être transmis au comité législatif chargé de l'étude de ce projet de loi, à la demande de la Chambre des communes. La rédactrice, auteure de manuels scolaires, signe le document à titre personnel. Les règles de rédaction sont respectées. Une note explique que le masculin est utilisé sans discrimination dans le but d'alléger le texte. Cependant, l'entrée en matière comprend deux erreurs majeures. Trouvez la première erreur, sans perdre de vue le profil des destinataires.

TABLE DES MATIÈRES

Entrée en matière : Sa Majesté, sur l'avis et avec le consentement du Sénat et de la Chambre des communes du Canada, édicte le projet de loi C-32 sur le droit d'auteur. Les députés et les sénateurs ont adopté ce projet de loi en première lecture. Le projet de loi devra ensuite passer par l'étape du rapport puis par celle de la troisième lecture et être transmis au Sénat pour y être adopté avant de recevoir la sanction royale. Ce projet de loi vise à favoriser la créativité et l'innovation, et touche de nombreux secteurs de l'économie du savoir. Le projet de loi C-32 doit également améliorer la protection des œuvres, encourager la culture, l'innovation technologique et l'économie canadienne.

But du rapport : Le but de ce mémoire est de dénoncer le projet de loi C-32 en ce qui a trait à l'utilisation qui en serait faite dans le monde de l'éducation.

Présentation des parties : Nous présentons d'abord le projet de loi sur le droit d'auteur, avant de souligner son caractère innovateur, malgré ses failles. Les conséquences d'une telle loi, si elle était adoptée telle quelle, sur les auteurs, éditeurs, diffuseurs de connaissances et fournisseurs d'accès Internet sont mises en lumière. Nous insistons sur les effets négatifs que provoquerait cette loi à long terme sur la culture québécoise et proposons des modifications majeures à ce projet de loi.

Erreur :

_____

_____

_____

2. Reprenez la présentation des parties en tenant compte des subdivisions du mémoire et en biffant les mots inutiles, s'il y a lieu.

_____

_____

_____

_____

_____

_____

_____

_____

_____

_____

_____

_____

_____

_____

_____

_____

_____

_____

7.2 Le développement

Le développement inclut le texte compris entre l'introduction et la conclusion. C'est évidemment la partie la plus élaborée du rapport. Votre argumentation doit convaincre vos destinataires et s'appuyer sur les raisons, les faits, les chiffres et les détails relevés, avant d'en faire l'interprétation. Précisez quelles sont les sources d'information retenues dans vos citations ou définitions, par exemple. Employez un langage accessible et un ton dynamique. Évitez de vous écarter du sujet ou de porter des jugements gratuits. Enfin, présentez l'information sous la forme la plus facile à interpréter.

L'argumentation

L'argumentation constitue l'ensemble des idées développées dans un texte; elle cherche à convaincre les lecteurs et lectrices, à appuyer ou à réfuter une idée, un point de vue, une théorie, etc. Pour défendre une idée, faire valoir un point de vue ou justifier une opinion, on doit soutenir ce que l'on avance et pas seulement donner des informations ou présenter des faits. Nous allons en profiter pour définir un fait et le différencier d'une présomption et d'une opinion.

Un fait est démontrable. Un fait est ce qui est prouvé par l'observation, les déductions et l'expérimentation (informations, statistiques, théories, résultats de sondage). Un fait est reconnu par le public et difficilement contestable. Par exemple, le réchauffement planétaire est un fait.

Une présomption est une supposition, un jugement fondé sur des apparences. Dans le rapport *Progression des femmes en politique au Québec* (*voir* le chapitre 9), il aurait été fautif d'écrire, en parlant de Mme Casgrain: «La jeune femme est parfaite dans son rôle de mère et celui de ministre», puisque son rôle de mère n'a rien à voir avec celui de ministre; on aurait alors présumé qu'elle était une bonne mère.

Une opinion reflète les idées auxquelles on adhère. Si vous dites que tel livre est excellent, vous donnez votre opinion. Pour prouver que c'est un bon livre, il vous faudrait en fournir les raisons. L'opinion publique est la manière de penser la plus répandue dans une société, celle de la majorité. Une opinion peut être remise en question.

Chaque argument représente une raison de plus de croire en quelque chose. En fait, vous argumentez afin que vos lecteurs et lectrices adhèrent à ce que vous défendez, vous les persuadez à partir d'éléments crédibles et non pas à partir de vos idées personnelles. Par exemple, pour convaincre le gouvernement qu'une baisse d'impôts lui serait profitable, un argument serait de démontrer que cette baisse réduirait le travail au noir et un autre argument prouverait que cette baisse rétablirait la confiance des contribuables.

Le ton du texte

Le ton du texte doit être dynamique, et non pas hésitant ou passif, afin que les lectrices et lecteurs soient confiants. Ils ne doivent ressentir ni doute ni hésitation.

Voici quelques exemples :

Ton hésitant : **Il nous semble que le problème provient de...**

Ton dynamique : *Les faits nous indiquent que le problème provient de...*

Ton passif : **Les commentaires du directeur des Ressources humaines seraient bienvenus.**

Ton dynamique : *Nous désirons connaître les commentaires du directeur des Ressources humaines.*

Ton hésitant : **Peut-être devrions-nous penser à louer de nouveaux locaux ?**

Ton dynamique : *Nous devons envisager la location de nouveaux locaux.*

Les comparaisons et les exemples

Vous pouvez améliorer votre rapport en faisant quelques comparaisons ou en donnant quelques exemples, en vue de clarifier l'information et non dans un but littéraire.

Voici deux exemples de comparaison :

Mais comme les impulsions lumineuses sont de beaucoup plus petites dimensions que les impulsions électriques, elles sont beaucoup plus nombreuses à circuler dans la fibre, de la même façon qu'un train d'une longueur donnée comprendra un nombre d'autant plus élevé de wagons que ces derniers seront plus courts[14].

Le nez d'une fusée forme une sorte de cône. La raison pour laquelle elle ne perce pas la couche d'ozone lorsqu'elle la traverse, c'est que l'air glisse le long de son fuselage comme s'il la contournait. Si on met son doigt sous l'eau du robinet, celle-ci le contourne et continue de couler. C'est la même chose qui se produit entre la fusée et l'air.

Fournir des exemples permet de faire accepter plus facilement vos idées. Par exemple :

Des restrictions mineures dans plusieurs services peuvent produire des bénéfices importants. *Par exemple, le contrôle des interurbains a permis de réaliser des économies de 15 % au cours des six derniers mois.*

Les références et les notes en bas de page

Une citation rapporte une partie de texte d'une autre personne. Donnez toujours les références permettant de retrouver le passage cité. Vous ne devez rien changer au texte. Cependant, si la citation contient une erreur (orthographe, grammaire, anglicisme, etc.) ou n'est pas logique, signalez-le en insérant la mention [*sic*] qui veut dire que le

---

14. Diane DONTIGNY. « À la vitesse de la lumière », *Contact*, printemps-été 1993, p. 27.

mot ou la partie de phrase figure «ainsi», «de cette façon» dans l'original. S'il est évident que cette erreur est attribuable à une faute de frappe (coquille), vous pouvez la corriger. Dans l'exemple qui suit, on ne peut pas vraiment savoir si le verbe «inciter» a été mal orthographié ou si on a fait une faute de frappe. On mettra donc la mention [*sic*] à côté du mot.

> Finalement, nous signalons les difficultés liées à l'exportation avant d'émettre des recommandations afin d'insiter [*sic*] les commerçants du Québec à exporter leurs produits.

Si vous avez enlevé une partie de la citation, indiquez-le avec les caractères [...] à l'endroit où vous avez coupé du texte, comme dans l'exemple suivant:

> L'ensemble de ces informations nous permet, dans la cinquième partie du présent rapport, de formuler nos recommandations:[...].

Lorsqu'une citation courte est présentée à l'intérieur d'un paragraphe, on met des guillemets pour la détacher du texte principal. Par exemple, la Loi sur la protection de la jeunesse stipule que: «La responsabilité d'assumer le soin, l'entretien et l'éducation d'un enfant et d'en assurer la surveillance incombe en premier lieu à ses parents[15]. »

Le chiffre d'appel renvoie à la référence au bas de la page (ce pourrait être à la fin du document). Ces références sont séparées du texte par un petit trait appelé «filet». Le terme «chiffre d'appel» ne s'emploie que lorsqu'on utilise un chiffre; il précède la ponctuation. Si on insère, par exemple, un astérisque pour le renvoi, il s'agit alors d'un «appel de note». La numérotation des notes est généralement continue, mais elle peut recommencer à chaque nouveau chapitre. La taille des références est généralement plus petite – deux points de moins – que le texte.

La note en bas de page ne donne pas la référence d'une citation mais des explications ou des renseignements complémentaires. Vous pouvez avoir des références et des notes en bas de page dans un même texte; dans ce cas, il est préférable d'utiliser des chiffres d'appel.

La méthode traditionnelle

La citation longue (plus de trois lignes) est présentée dans un paragraphe séparé, en simple interligne, sans être précédée ni suivie des guillemets. Le double retrait et l'italique (habituellement utilisé) montrent qu'il s'agit bien d'une citation. Contrairement aux entrées bibliographiques ou médiagraphiques, dans les références en bas de page, le prénom et le nom ne sont pas inversés; on inverse ces éléments dans la bibliographie pour pouvoir les classer alphabétiquement. On indique le ou les pages citées et non le nombre de pages. Par exemple:

> *On le dit souvent, un argument en appelle un autre, le deuxième justifiant le premier. Ainsi se répondent et se succèdent les assertions comme des échos sonores. Mais quels arguments peut-on évoquer et comment peut-on les comprendre et les présenter[16]?*

---

15. Loi sur la protection de la jeunesse, chapitre 11, Principes généraux et droits des enfants, article 2.2.

16. Benoît RENAUD. *Le texte argumenté*, Sainte-Foy, Éditions Le Griffon d'argile, 1993, p. 67.

Si vous faites référence à un document électronique, écrivez les mêmes données que dans la médiagraphie. Nul besoin d'inscrire les protocoles de communication http:// ou www. Probablement que, dans un proche avenir, on simplifiera l'usage en omettant les protocoles, car les moteurs de recherche permettent de trouver l'information très facilement pourvu qu'on ait le titre exact du document. Par exemple:

> *Une des façons de s'assurer de la pertinence du message avec l'audience rejointe est le ciblage comportemental, selon lequel l'affichage de la publicité prend en compte les comportements de navigation de l'usager tels que les types de contenus visités, les mots cherchés dans les moteurs de recherche, les publicités cliquées, etc. Ce système, à la base, utilise les cookies stockés sur les ordinateurs des individus pour identifier leurs comportements[17].*

La méthode auteur-date

La méthode auteur-date consiste à mettre le nom de l'auteur, l'année de publication ainsi que le numéro de page après la citation pour un document imprimé. Cette façon de faire est courante dans les rapports scientifiques. Dans la médiagraphie doit se trouver la référence complète à ce document. Pour les documents électroniques, après l'année (quand elle est connue), on doit ajouter la mention « en ligne » étant donné qu'il n'y a pas de numéro de page.

Par exemple:

> « Pour hériter, les personnes physiques doivent exister au moment du décès du testateur. » (Tousignant, 2010, p. 105)

> *Fait intéressant: Internet est le seul média dont la consommation relative et les revenus publicitaires relatifs augmentent. Tous les autres médias sont en baisse, que ce soit en matière de consommation ou de revenus publicitaires.* (Goulet, 2010, en ligne)

Voici un autre exemple, où l'auteur est nommé au début du paragraphe:

> Simard (2009, p. 11) définit la fréquence de la façon suivante:
>
> *On appelle fréquence relative d'une valeur ou d'une catégorie la proportion de données égales à cette valeur ou à cette catégorie. Cette mesure généralement exprimée en pourcentage est particulièrement utile pour comparer deux séries statistiques n'ayant pas le même effectif total.*

Les expressions latines

Il est possible d'abréger les notes de référence en bas de page en utilisant les expressions latines *idem*, *ibidem*, *opus citatum* et *loco citato*. À noter que ces termes ne s'emploient pas dans la médiagraphie.

Le terme *idem* qui signifie « la même chose » (abrégé en *id.*) s'emploie pour éviter la répétition de l'auteur, dans une note en bas de page, lorsqu'on le cite deux fois consécutives.

---

17. Sébastien GOULET. *Ciblage comportemental et vie privée: débat aux États-Unis*, 2009, [blogue.pubinteractive.ca/2009/12/07/ciblage-comportemental-et-vie-privee-debat-aux-etats-unis/] (page consultée le 17 mars 2011).

Le terme *ibidem* qui signifie « au même endroit » (abrégé en *ibid.*) s'emploie pour éviter la répétition de l'ouvrage (même livre, même article, même page d'un site Web). Il indique qu'une citation est tirée de la même source que la précédente, ce qui n'est pas la même chose que *opus citatum* que nous verrons plus bas. Par exemple, dans le rapport *Progression des femmes en politique au Québec* (*voir* le chapitre 9), nous utilisons le terme *idem* parce que nous faisons référence au même site Web (auteur), soit celui de l'Assemblée nationale. Cependant, nous ne faisons pas référence aux mêmes pages du site, ce qui correspondrait à un même ouvrage, et c'est pourquoi nous ne pouvons utiliser *ibidem*. Par ailleurs, comme nous citons une autre auteure avant la dernière référence, nous devons ensuite remettre le nom de l'auteur.

Vous écrirez, par exemple :

1. ASSEMBLÉE NATIONALE. *Les femmes parlementaires depuis 1961*, Québec, [assnat.qc.ca/fr/patrimoine/femmes.html] (page consultée le 13 mars 2011).

2. *Id. Nombre de ministres dans les cabinets et la représentation féminine depuis 1962*, Québec, [assnat.qc.ca/fr/patrimoine/ministrescabinets.html] (page consultée le 14 mars 2011).

3. *Id. Titulaires de ministères depuis 1867*, Québec, [assnat.qc.ca/fr/patrimoine/cabinets1.html] (page consultée le 14 mars 2011).

4. *Id. La présence féminine*, Québec, [assnat.qc.ca/fr/patrimoine/femmes1.html] (page consultée le 14 mars 2011).

5. Denise BOMBARDIER. « Les femmes et la politique », *Le Devoir*, 6 septembre 2008, p. C-5.

6. ASSEMBLÉE NATIONALE. *La fonction de député*, Québec, [assnat.qc.ca/fr/abc-assemblee/fonction-depute/index.html] (page consultée le 15 mars 2011).

L'expression latine *opus citatum* (abrégée en *op. cit.*) signifie que l'ouvrage a déjà été cité, mais que plusieurs autres citations ont été faites depuis. Par exemple, la quatrième page d'un long rapport comprend une note en bas de page (la deuxième) concernant un livre de M. Tousignant, dont on cite la page 241. D'autres citations sont faites dans ce rapport. À la page 12, on cite de nouveau l'ouvrage de cet auteur, en mentionnant son nom, à la page 304. Voici la façon de faire pour les citations 2 et 7.

2. Daniel TOUSIGNANT. *Initiation au droit des affaires*, 5ᵉ édition, Montréal, Modulo, 2010, p. 241.

7. *Op. cit.,* p. 304.

L'expression *loco citato* (abrégée en *loc. cit.*) s'emploie lorsqu'on cite successivement la même page d'un livre, d'un article ou d'un site Internet, ce qui est assez rare. Par exemple :

1. Tommy CHOUINARD et Louise LEDUC. « La hausse annoncée des droits de scolarité crée des remous », *La Presse*, Montréal, 17 mars 2011, p. A-7.

2. *Loc. cit.*

La préférence pour une source d'information

Le rédacteur ou la rédactrice, devant plusieurs possibilités, peut informer les lecteurs et lectrices de ses choix. Ce peut être pour une définition, un procédé, une façon de penser...

Voici un premier exemple :

> La définition de « décrocheurs » est multiple. Par exemple, voici une courte définition donnée par M. Francis Danvers, professeur de psychologie de l'éducation : « En France, on appelle "décrocheurs" les élèves sortis sans qualification du système éducatif[18]. » Pour faciliter la compréhension du présent rapport, nous avons privilégié la définition tirée du document de recherche de Mme Mélanie Raymond, alors affectée au Centre de la statistique de l'éducation de Statistique Canada, intitulé *Décrocheurs du secondaire retournant à l'école*.
>
> *Toute personne qui déclarait ne pas avoir obtenu de diplôme d'études secondaires et ne pas fréquenter l'école répondait à la définition d'un décrocheur. Que le répondant ait ultérieurement fait des études postsecondaires est sans rapport avec la présente définition puisqu'un répondant qui fréquentait tout type d'établissement scolaire, y compris postsecondaire, était exclu de l'échantillon des décrocheurs[19].*

Voici un second exemple :

> Il existe plusieurs définitions du harcèlement sexuel au travail. Nous avons choisi celle de la Commission des droits de la personne, car elle était plus complète que les autres. La voici :
>
> *Il s'agit d'une conduite se manifestant par des paroles, des actes ou des gestes à connotation sexuelle, répétés et non désirés, et qui est de nature à porter atteinte à la dignité ou à l'intégrité physique ou psychologique de la personne ou de nature à entraîner pour elle des conditions de travail défavorables ou un renvoi[20].*

18. Francis DANVERS. *S'orienter dans la vie : une valeur suprême ?*, Villeneuve-d'Ascq, Presses universitaires Septentrion, 2009, p. 140 (Collection Métiers et pratiques de formation).

19. Mélanie RAYMOND. *Décrocheurs du secondaire retournant à l'école*, p. 9, [www.statcan.gc.ca/pub/81-595-m/81-595-m2008055-fra.pdf] (document consulté le 26 mars 2011).

20. COMMISSION DES DROITS DE LA PERSONNE ET DES DROITS DE LA JEUNESSE. *Orientation de la Commission des droits de la personne du Québec face au harcèlement en milieu de travail*, Québec, 1987, p. 5, [cdpdj.qc.ca/fr/publications/docs/harcelement_orientations.pdf] (document consulté le 7 mars 2011).

Les charnières

Utilisez des charnières ou mots de transition pour faire des liens entre les éléments du texte (phrases ou paragraphes).

TABLEAU 7.2	Les charnières ou mots de transition
Temps	Tout d'abord, premièrement, avant tout, dorénavant, entre-temps, dans l'intervalle, enfin, finalement
Affirmation	À cet effet, en ce sens, selon ce qui précède, sous cet angle, à ce propos, sur ce point, à titre d'information, à la lumière de ces informations, en ce qui concerne
Explication	Du point de vue de, de l'avis de, quant à, en effet, en d'autres termes, à savoir, de toute manière, en dépit de, néanmoins, cependant, c'est-à-dire, soit
Addition	De plus, en outre, d'une part…, d'autre part…, par ailleurs, de surcroît
Restriction	Néanmoins, toutefois, au contraire, quoique, pourtant
Conclusion	Compte tenu de, bref, en fin de compte, pour cette raison, à cet effet, c'est pourquoi, en conséquence, au terme de, dans l'ensemble, en dernière analyse

Les illustrations

La lecture et la compréhension du rapport seront facilitées par des illustrations sous forme de graphiques, de tableaux ou d'images.

Un tableau est composé de colonnes de chiffres ou de données. Chaque colonne correspond à une idée, à une information. Choisissez de présenter les informations dans un paragraphe ou dans un tableau, afin de faciliter la lecture et la compréhension des données.

Voici un exemple de texte complexe qui gagnerait à être présenté sous forme de tableau.

Il existe deux types de leucémies : les leucémies aiguës et les leucémies chroniques. Les leucémies aiguës sont les plus malignes. Elles se présentent sous deux formes : la leucémie aiguë lymphoblastique (LAL) et la leucémie aiguë myéloïde (LAM). Pour ce qui est des leucémies chroniques, elles se divisent en quatre catégories : la leucémie myéloïde chronique (LMC), la leucémie myélo-monocytaire chronique (LMMC), la leucémie lymphoïde chronique (LLC) et la leucémie à tricholeucocytes. La leucémie rencontrée le plus fréquemment chez les enfants, dans une proportion de 75 %, est la leucémie aiguë lymphoblastique, alors que, chez les adultes, c'est la leucémie aiguë myéloïde, dans une proportion de 80 %. Il ne faut pas oublier les leucémies chroniques, qui frappent beaucoup de gens également. La leucémie myéloïde touche les adultes de 20 à 50 ans, alors que les leucémies myélomonocytaire, lymphoïde et à tricholeucocytes touchent surtout les personnes de 50 ans et plus.

Voici le même texte, présenté sous forme de tableau.

LES DIFFÉRENTES LEUCÉMIES		
TYPES	CATÉGORIES	PERSONNES ATTEINTES
Aiguës (les plus malignes)	Lymphoblastique (LAL)	Enfants (75 %)
	Myéloïde (LAM)	Adultes (80 %)
Chroniques	Myéloïde (LMC)	Adultes de 20 à 50 ans
	Myélomonocytaire (LMMC) Lymphoïde (LLC) À tricholeucocytes	Adultes de 50 ans et plus

Même s'il est bien construit, un tableau élaboré demeure parfois difficile à lire et à déchiffrer. Dans ce cas, recourez à un graphique. Le graphique rend plus directe l'information contenue dans un tableau et en dégage les tendances. Les graphiques ne remplacent pas les tableaux ; ils les synthétisent et les complètent au besoin. Les graphiques donnent une idée très nette d'une information qui pourrait paraître confuse et complexe si elle était présentée sous une autre forme. Ils illustrent les données de façon beaucoup plus claire, ce qui économise du temps de compréhension et favorise la prise de décision. Si plusieurs graphiques figurent dans un document, il faut les numéroter. Voyez le tableau ci-après et un graphique correspondant.

LA PROGRESSION DES FEMMES AU PROVINCIAL								
	1988	%	1994	%	2004	%	2010	%
Députées	18/122	14,8	23/125	18,4	40/125	32,0	36/125	28,8
Ministres	4/28	14,3	6/20	30,0	10/25	40,0	12/27	44,4

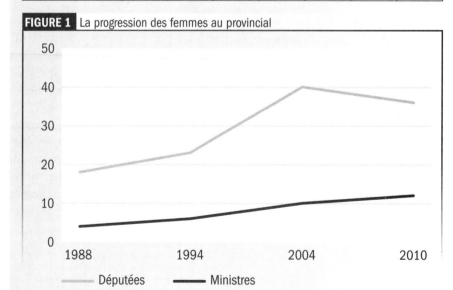

FIGURE 1 La progression des femmes au provincial

Les textes corporatifs peuvent être enrichis d'images, de photographies et de graphiques, à condition que ces éléments produisent un effet positif. Il ne sert à rien d'ajouter des illustrations quelconques à des lettres ou à des rapports mensuels, ce qui pourrait donner une image non professionnelle de l'entreprise. Les rapports peuvent comporter quelques images, lesquelles allègent le texte et agrémentent la lecture, pourvu qu'elles soient utilisées de façon pertinente et modérée, et qu'elles aident à la compréhension du texte (carte, processus, illustration explicative comme ci-dessous). La provenance des tableaux, graphiques ou illustrations doit être indiquée (*voir* le chapitre 8, *La présentation matérielle du rapport*).

Le développement

1. Un intertitre doit correspondre au contenu du ou des paragraphes qu'il annonce. Donnez un intertitre au paragraphe ci-dessous ainsi qu'à ses deux subdivisions.

LE TOURISME AU QUÉBEC

Intertitre _____

L'industrie du tourisme est extrêmement vulnérable. On ne peut prévoir avec exactitude les tendances des prochaines années. Plusieurs facteurs sont venus perturber l'achalandage touristique entre 2001 et 2003.

Subdivision 1 _____

La guerre en Irak, les attentats terroristes du 11 septembre 2001 aux États-Unis et la valeur du dollar canadien par rapport à la devise américaine ont grandement touché l'industrie. La position du Canada au sujet de la guerre a rendu les relations avec nos voisins et voisines du Sud très tendues. Les touristes américains ne voulaient plus voyager chez nous. La peur des déplacements aériens depuis les attentats terroristes a beaucoup nui à notre tourisme. L'été dernier, le trafic aérien en provenance des États-Unis a chuté de 25 %. Le taux de change actuel est sans contredit un boulet pour l'industrie. De nombreux Canadiens et Canadiennes qui n'ont pas pris de vacances aux États-Unis depuis des années décident maintenant de le faire. Les Américains et Américaines, quant à eux, restent plus souvent chez eux. Le même dollar américain leur donne 15 % de moins qu'au mois d'avril dernier, une fois changé en argent canadien. On prévoit même que notre huard vaudra jusqu'à 85 cents américains l'an prochain.

Subdivision 2 _____

Le syndrome respiratoire aigu sévère (SRAS) et la maladie de la vache folle ont eu un effet dramatique sur le choix de la destination vacances des touristes étrangers. L'épidémie de SRAS a frappé au moment où les touristes étrangers planifiaient leurs vacances. Les Européennes et Européens, habitués à de courtes distances entre les villes, croient que c'est la même chose au Canada. Puisque ces touristes potentiels pensent que Toronto est tout près, ils ont peur de venir à Montréal et d'attraper la maladie. De plus, l'embargo sur le bœuf fait des ravages dans les pourvoiries. Plusieurs prises de gibier sauvage, dont le caribou, le cerf et l'orignal, sont bloquées aux douanes américaines. Il faut préciser que le nord du Québec accueille chaque année de 10 000 à 12 000 Américains et Américaines dans ses pourvoiries. En 2003, c'est différent. Ces établissements font face à des taux d'annulation allant parfois jusqu'à 30 %, ce qui représente des pertes considérables, car un voyage d'une semaine coûte en moyenne de 4000 $ à 6000 $. On estime que, sur les 5000 personnes travaillant dans ces établissements, de 700 à 1000 risquent de perdre leur emploi.

7.3 La conclusion

La conclusion n'est pas qu'un résumé, une synthèse ou la répétition de ce qui vient d'être exposé dans le rapport, mais aussi et surtout le résultat de la recherche.

Les points importants

La conclusion doit faire ressortir les évidences, les points forts et importants, en fonction du but que l'on s'était fixé au départ. C'est en fait l'aboutissement, le point final du rapport. La conclusion fournit la réponse aux interrogations posées dans l'introduction et fait suite aux informations contenues dans le développement; elle apporte quelque chose de nouveau au rapport. Elle doit mener à une prise de conscience, à une réflexion et à une prise de décision. La conclusion et les recommandations ne devraient correspondre qu'à 10 % environ des pages du rapport, tout comme l'introduction.

Le traitement de l'information

En se reportant à la conclusion du rapport sur la *Progression des femmes en politique au Québec* (*voir* le chapitre 9), voyons de quelle façon on peut faire ressortir les évidences d'après les données fournies dans le rapport. Il s'agit de comparer les pourcentages de femmes en politique pour chacune des années examinées afin d'établir la différence de pourcentage, ce qui n'a pas été présenté dans le développement. Cette différence permettra de conclure à partir de nouveaux chiffres, sans répéter ce qui a déjà été dit. Voici quel serait le résultat de cette comparaison.

LE POURCENTAGE DES FEMMES EN POLITIQUE AU QUÉBEC 1988-2010									
	1988	%	1994	%	2004	%	2010	%	Différence 1988-2010
Députées	18/122	14,8	23/125	18,4	40/125	32,0	36/125	28,8	+ 14,0 %
Ministres	4/28	14,3	6/20	30,0	10/25	40,0	12/27	44,4	+ 30,1 %

En tenant compte de ces nouvelles données, la conclusion pourrait comprendre le texte suivant, en omettant ce qui se trouve entre crochets.

Nous constatons qu'en 22 ans, le nombre de femmes [députées = 18/122 en 1988 et 36/125 en 2010] en politique provinciale au Québec a doublé. Parmi les ministres, 30 % de plus sont des femmes. En fait, les femmes occupent maintenant près de la moitié des postes [44,4 %]. Nous constatons qu'un effort a été fait du côté de la nomination des femmes ministres. Cependant, en 2010, la députation féminine ne représente même pas le tiers des députés [28,8 %].

Lisez l'exemple ci-dessous. La dernière phrase de cette conclusion dit que des améliorations pourraient être apportées au service, sans les mentionner. On conclut le rapport, mais sans proposer de gestes concrets.

> LE TRANSPORT EN COMMUN DANS LA VILLE DE QUÉBEC
>
> (Rapport analytique)
>
> **Conclusion**
>
> Pour conclure ce rapport sur le transport en commun à Québec, nous pouvons affirmer que le Réseau de transport de la Capitale remplit pleinement son mandat. Depuis plus de 140 ans, il offre tous les services dont la population a besoin grâce à l'utilisation de nombreux véhicules et à l'offre de différents parcours. Il ressort de cette recherche que le profit n'est pas le but du transport en commun, mais que le service doit pouvoir absorber les coûts qu'il génère. Quelques améliorations pourraient combler tous les besoins de la population et amener ainsi de plus en plus de gens à profiter de ce service.

L'ouverture

La conclusion permet d'ouvrir le sujet sur une perspective plus large. Il est possible en effet que d'un rapport émanent des questions qui n'avaient pas été considérées au départ, mais auxquelles il est essentiel de répondre pour la poursuite de l'objectif visé. Voyez cette ouverture dans le rapport *Progression des femmes en politique au Québec* :

> En terminant, il serait intéressant de faire cette même recherche du côté du gouvernement fédéral étant donné que les Canadiennes ont obtenu le droit de vote en 1918, à la fin de la Première Guerre mondiale.

Par ailleurs, si une idée importante a été oubliée dans le développement, elle n'a pas sa place dans la conclusion ni dans les recommandations. Dans pareil cas, la construction du plan a été mal faite ; il faut alors ajouter un point dans la table des matières ou insérer l'information au bon endroit dans le développement.

Il est important de terminer un rapport avec une phrase pertinente, pour marquer la finale du rapport, tout comme l'entrée en matière présente subtilement ou graduellement un sujet. Par exemple :

> Cette étude démontre que la perspicacité, liée à la ferme volonté de prendre sa place, est gage de réussite et que l'évolution de la société est une affaire de siècles.

7.4 Les recommandations

Les recommandations font suite à la conclusion. Ce sont des actions ou des gestes concrets à accomplir, des démarches à faire, en vue d'atteindre l'objectif de départ, selon les grandes lignes de la conclusion. Par exemple, on peut prendre des mesures ou établir des stratégies d'intervention nouvelles, afin de réaliser un projet ou de résoudre un problème. Ici, on ne donne plus d'explication; on expose ce qui doit être fait concrètement, on demande aux personnes responsables d'agir. Ce ne sont donc pas de simples suggestions, des souhaits ou des propositions conditionnelles. Pour cette raison, elles sont souvent présentées sous forme de liste qui commence par un verbe à l'infinitif ou à l'impératif. Cette liste est appelée le plan d'action. On peut y spécifier des délais ou annexer un échéancier. Ce plan d'action fera évidemment l'objet d'un suivi. Voyez l'exemple ci-dessous. On conclut qu'il revient à la commission scolaire de modifier ses règles de fonctionnement. Ensuite, on précise ce qu'elle doit faire exactement; c'est le plan d'action qu'elle devra suivre.

L'INTÉGRATION DES ENFANTS DYSLEXIQUES EN MILIEU SCOLAIRE

Conclusion

Après une recherche approfondie sur le sujet de la dyslexie, nous concluons que les adultes qui gravitent dans l'univers des enfants doivent demeurer vigilants afin de reconnaître les signes de cette difficulté d'apprentissage de la lecture et de l'orthographe. Dans les faits, il importe de valoriser l'enfant qui a besoin d'augmenter son estime de soi. Un dépistage précoce maximisera les chances de réussite de l'enfant. Plusieurs mesures pourront aider les jeunes, mais il appartient davantage à la commission scolaire de prendre conscience de ce problème pour modifier ses règles de fonctionnement.

Recommandations

- Offrir une formation aux enseignants et enseignantes du primaire sur la dyslexie afin d'en faciliter le dépistage;

- Rendre l'aide plus accessible en augmentant le nombre d'orthopédagogues;

- Diminuer le nombre d'élèves dans les classes afin de mieux les encadrer;

- Mettre en place des méthodes pour que ces jeunes ne soient pas pénalisés par leur niveau en français dans les autres matières;

- Proposer des soirées d'information sur la dyslexie afin que les parents comprennent mieux ce problème et puissent offrir leur soutien au développement de leur enfant en milieu scolaire.

Voyez d'autres exemples à la page suivante.

L'OBÉSITÉ INFANTILE

Conclusion

Considérée comme une épidémie depuis trois décennies, l'obésité touche de plus en plus les enfants, compromettant leur capital santé. Nous avons pu remarquer une progression de l'obésité infantile de 1978 à 2005, surtout chez les jeunes de 12 à 17 ans. Cette véritable maladie fait l'objet de nombreuses recherches. Si les traitements sont décevants jusqu'à présent, on connaît de mieux en mieux les mécanismes d'apparition et les facteurs de risque de l'obésité. C'est pourquoi nous espérons que médecins, parents et personnel enseignant se mobiliseront de plus en plus pour prévenir l'obésité infantile, et ce, le plus tôt possible.

Recommandations

- Promouvoir l'activité physique et le sport ;

- Éviter le grignotage entre les repas ;

- Étancher la soif avec de l'eau ;

- Privilégier le petit-déjeuner ;

- Accorder une plus grande place aux légumes ;

- Soutenir l'enfant en adoptant soi-même les mesures qui lui sont proposées ;

- Servir de plus petites portions.

LA STIMULATION DES ENFANTS DE 0 À 12 MOIS

Conclusion

La personnalité et l'intelligence des enfants ne sont pas uniquement liées à la génétique et au tempérament, mais aussi à l'attitude des parents. La stimulation du bébé est très bénéfique et permet de resserrer les liens entre parents et enfants. On doit être conscient que la majorité des troubles de comportement de l'adulte dépend en grande partie des lacunes présentes durant la petite enfance. Donnez du temps de qualité à l'enfant et n'oubliez pas que son développement dépend en grande partie de vous ; des parents heureux et en forme retransmettent ce bonheur à leur progéniture. Alors, continuez de sourire et favorisez le jeu afin d'assurer un excellent développement global à chaque enfant. Plus particulièrement, suivez les suggestions ci-dessous :

Recommandations

a) Procurez-vous de bons outils, tels que le livre *Les premiers développements de votre bébé*, de la D[re] Miriam Stoppard, ou les nombreux documents gratuits sur le développement de l'enfant offerts par les pédiatres et les CLSC.

b) Amusez-vous quotidiennement avec votre bébé.

c) Prenez le temps de constater et de noter ses progrès.

d) Parlez-lui beaucoup.

La conclusion et les recommandations

1. Quelques paragraphes d'un rapport qui porte sur la somnolence au volant sont reproduits ci-dessous. Ces paragraphes ne se trouvaient pas à la suite l'un de l'autre dans le rapport. Ils ont été repérés et extraits pour servir à la rédaction de la conclusion (confirmation du problème sans dire exactement comment le régler) et des recommandations (actions concrètes en vue de le régler). Après avoir lu le but du rapport et la présentation des parties, rédigez la conclusion et les recommandations en tenant compte des paragraphes retenus. Attention : vous devez rédiger trois recommandations qui incluront toutes les actions à entreprendre pour corriger le problème ; chaque recommandation ne devra comprendre qu'une phrase.

La somnolence au volant

But du rapport et présentation des parties :

Le but de ce rapport est d'enrayer la somnolence au volant. Nous définissons d'abord la somnolence en tenant compte de son lien avec l'insomnie et nous ciblons les personnes susceptibles d'en éprouver le malaise. Nous compilons ensuite quelques statistiques liées tant au travail qu'au quotidien. Nous considérons également les effets de l'alcool ou de diverses drogues sur la conduite avant d'examiner les principales causes de ce danger routier. Enfin, nous reprenons les solutions préconisées par divers organismes pour combattre ce problème, avant de formuler de nouvelles recommandations.

Diverses études indiquent que de 10 à 20 % des accidents de la route sont imputables à la fatigue. Au Québec, entre 1999 et 2004, la somnolence au volant a fait chaque année une moyenne de 1845 victimes sur les routes. Ce fléau est à l'origine, pour la même période, de plus de 70 décès ainsi que de 344 blessés graves.

Le plus désolant, c'est que la population n'est pas assez informée des dangers de la somnolence au volant. En 1997, une étude australienne a démontré que conduire en état de fatigue était tout aussi dangereux que conduire en état d'ébriété. Plutôt que de sombrer dans un sommeil profond, les chauffeurs fatigués sont souvent victimes d'épisodes de sommeil léger qui ne durent que quelques secondes. Une étude réalisée en 1996 par Stanley Coren, professeur de psychologie à l'Université de la Colombie-Britannique et auteur du livre *Sleep Thieves*[21], indique que le nombre d'accidents augmente d'environ 7 % le lundi qui suit le passage à l'heure d'été.

L'être humain fonctionne mieux s'il suit un horaire régulier. Les personnes qui travaillent en dehors des heures normales de bureau ont donc plus de risques de s'endormir au volant.

Les ministères des transports du Canada et des États-Unis ont réalisé une enquête qui a révélé que les camionneurs dormaient en moyenne moins de cinq heures par nuit, même s'ils ont l'obligation de respecter un nombre minimal d'heures de repos.

---

21. Stanley Coren. *Sleep Thieves* (*Les voleurs de sommeil*), New York, Simon & Schuster Inc., 1997, p. 270.

Les conducteurs de moins de 30 ans sont à l'origine de près des deux tiers des accidents liés à la somnolence, et les hommes sont cinq fois plus susceptibles que les femmes d'avoir un accident après s'être endormis au volant. En effet, beaucoup de jeunes hommes occupent deux emplois en plus d'aller à l'école.

Plusieurs études démontrent qu'un nombre important de personnes impliquées dans des accidents liés à la somnolence avaient bu avant de prendre la route. Un verre d'alcool chez une personne en déficit de sommeil peut avoir le même effet que trois verres.

Un des plus importants facteurs qui risquent de provoquer la somnolence chez certaines personnes est la médication qui leur a été prescrite. Les quatre principaux types de médicaments dont on doit se méfier sont les antihistaminiques, les tranquillisants, les médicaments contre l'hypertension et les antidépresseurs.

Conclusion

_____

_____

_____

_____

_____

_____

Recommandations

_____

_____

_____

_____

_____

_____

_____

_____

_____

_____

CHAPITRE 8

La présentation matérielle du rapport

OBJECTIF

Présenter un rapport

- Prévoir les pages liminaires et les pages annexes
- Ordonner les pages du rapport
- Produire une page titre
- Respecter la hiérarchisation des titres
- Numéroter les pages

L e rapport comprend plusieurs parties : les pages liminaires, les pages de texte (de l'introduction à la conclusion ou aux recommandations) et les pages annexes. Généralement, le rapport est présenté à double interligne ou à un interligne et demi, afin d'aérer le texte.

Depuis l'avènement de logiciels consacrés au traitement de texte et à la micro-édition, la mise en pages est de plus en plus libre. Mettez l'accent sur la mise en pages si vous le désirez, pour autant que la structure et la lisibilité favorisent la compréhension du texte. Ce qui importe, c'est de respecter la hiérarchisation des titres, du grand titre aux plus petites subdivisions, en réduisant la taille des caractères de deux points ou plus.

FIGURE 8.1 Le contenu du chapitre 8

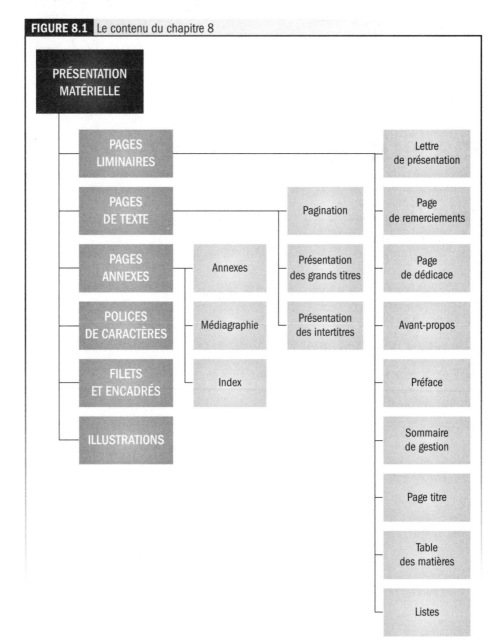

Les pages liminaires facultatives

Les pages liminaires précèdent l'introduction. Certaines sont facultatives, alors que d'autres sont obligatoires. Il n'est pas nécessaire de numéroter ces pages, sauf si elles sont nombreuses. Dans ce cas, on commence à numéroter seulement après la page titre, en bas au centre, en chiffres romains (petites capitales de préférence). Par ailleurs, toutes les pages doivent être comptées : comme la page titre n'est pas numérotée, on attribue le chiffre II à la page suivante, soit à la page de remerciements ou à la table des matières. Les pages liminaires ne sont pas incluses dans la table des matières. Voici toutes les pages qui peuvent précéder l'introduction, dans l'ordre. Toutes ces pages ne figureront pas nécessairement dans un même rapport ; cependant, l'avant-propos, par exemple, précédera toujours l'introduction.

La lettre de présentation

La lettre de présentation met l'accent sur les points importants, indique les problèmes rencontrés et ajoute des renseignements comme l'aide d'une personne compétente en la matière.

La page de remerciements

Les remerciements s'adressent aux personnes qui ont soutenu professionnellement le travail de recherche ou de rédaction (personnel enseignant ou administratif, spécialistes, etc.). On utilise le pronom *je*, à moins que le rapport n'ait été rédigé par deux personnes ou plus. Dans un rapport, la page de remerciements se trouve immédiatement après la page titre.

Voici un exemple de remerciements.

> Nous tenons à remercier M. Jean Marier, ingénieur chez HT-Haute technologie, pour l'aide précieuse qu'il nous a apportée tout au long de notre démarche. Il a su nous guider avec compétence dans notre recherche. Aussi, avons-nous tiré pleinement profit de sa vaste expérience du design[22].

La page de dédicace

La dédicace, plutôt réservée aux ouvrages d'envergure, figure parfois dans un rapport technique. Elle est réservée à l'expression de la gratitude ou de la reconnaissance de la rédactrice ou du rédacteur envers ses proches ou envers une personne l'ayant inspiré.

---

22. Isabelle CLERC et autres. *Guide de rédaction d'un rapport technique à l'intention des étudiants de la Faculté des sciences et de génie*, Québec, Université Laval, 2004, p. 19, [www.sbf.ulaval.ca/opfor/memoire/Guide_redaction_V2004.pdf] (document consulté le 6 mai 2011).

Voici trois exemples de dédicaces.

Ce rapport est dédié aux bénévoles dont le travail quotidien et constant apporte du réconfort aux personnes en perte d'autonomie.

Ce rapport est dédié aux personnes qui ont succombé au SRAS, à celles qui en ont été atteintes, à celles qui ont combattu la maladie et à toutes celles qui en ont souffert[23].

Le présent rapport est dédié aux enfants et aux familles auprès desquels travaillent les services canadiens de protection de l'enfance. Nous souhaitons sincèrement que l'étude contribue à améliorer leur sort[24].

L'avant-propos

L'avant-propos est la présentation de l'ouvrage par le rédacteur ou la rédactrice; il expose les raisons qui en ont motivé la rédaction, les problèmes éprouvés en cours de travail, etc. Dans un rapport, le *je* convient très bien à l'avant-propos, s'il y a lieu, car c'est la personne qui parle. Cependant, on peut recourir à la forme impersonnelle si on ne se sent pas à l'aise avec l'emploi de la première personne, en disant par exemple *L'auteur* ou *L'auteure* plutôt que d'utiliser le *je*. L'avant-propos peut inclure de brefs remerciements.

Voici trois exemples de passage d'avant-propos.

J'ai préféré renforcer l'apprentissage en donnant plusieurs exemples pour permettre aux élèves de repérer les erreurs.

L'apprentissage au moyen d'exemples permettant aux élèves de repérer les erreurs a été favorisé.

L'auteure tient à remercier les membres du conseil d'administration pour leur appui.

La préface

La préface présente une recommandation de l'ouvrage faite par une autre personne.

Le sommaire de gestion

Le sommaire de gestion est réservé aux rapports administratifs imposants, qui comptent un grand nombre de pages. Rédigé à la forme impersonnelle, il reprend les principaux faits énoncés dans le rapport et les recommandations; il ne doit pas excéder 400 mots. Il précède la table des matières.

---

23. Archie CAMPBELL. *Le SRAS et la santé publique en Ontario*, 15 avril 2004, [health.gov.on.ca/french/publicf/pubf/ministry_reportsf/campbell04f/campbell04_4f.pdf] (document consulté le 12 mai 2011).

24. AGENCE DE LA SANTÉ PUBLIQUE DU CANADA. *Étude canadienne sur l'incidence des signalements de cas de violence et de négligence envers les enfants – 2003*, [phac-aspc.gc.ca/cm-vee/csca-ecve/index-fra.php#2] (page consultée le 6 mai 2011).

8.2 Les pages liminaires obligatoires

Les pages liminaires obligatoires sont la page titre, la table des matières et la liste des tableaux et figures, s'il y a lieu.

La page titre

La page titre comprend généralement cinq éléments répondant aux questions suivantes :

QUI ?	Nom de l'auteur ou de l'auteure
À QUI ?	Nom du ou de la destinataire
QUOI ?	Titre du rapport et sous-titre, s'il y a lieu
OÙ ?	Endroit
QUAND ?	Date de remise

On peut présenter ces éléments sans se conformer à un ordre strict, l'important étant de les trouver sur la page titre, qui peut aussi comprendre d'autres renseignements. La page titre d'un travail scolaire sera différente de celle d'un rapport d'entreprise. Par exemple, on pourrait ajouter la société pour laquelle le rapport a été rédigé, le titre de fonction et les coordonnées de l'auteur ou de l'auteure, le titre et le numéro du cours suivi, les mots *Présenté à...*, et ainsi de suite. Ajoutez au besoin des lignes, des bordures, en conservant une certaine sobriété à votre rapport. Les logiciels de traitement de texte proposent différents modèles de page titre. Le grand titre se présente habituellement en majuscules, dans une taille supérieure au texte principal de plusieurs points, la plupart du temps centré. Il n'est plus d'usage de le souligner. Le sous-titre, plus petit, est également centré. Notez que le milieu des affaires et le milieu de l'édition peuvent utiliser des normes différentes quant à la présentation des documents. Par exemple, dans ce livre, les grands titres sont en minuscules, alors que les rapports administratifs ont adopté les majuscules pour les grands titres. Ce sont tout simplement deux façons de faire liées au domaine concerné.

Dans les exemples de page titre ci-dessous du rapport intitulé *Progression des femmes en politique au Québec*, le grand titre est composé dans la police Minion, taille 28 points ; dans la version de droite, nous avons changé l'ordre des éléments et ajouté un sous-titre de 18 points afin de montrer la différence de taille et de présentation.

RÉDACTION DE RAPPORTS
412-IC3-LL

PROGRESSION DES FEMMES
EN POLITIQUE AU QUÉBEC

Présenté à Nicole Vachon
Enseignante

Par
Geneviève Chabot
Étudiante

Lévis, le 20 décembre 2010

PROGRESSION DES FEMMES
EN POLITIQUE AU QUÉBEC

REFLET SOCIÉTAL DU POUVOIR FÉMININ

Rapport présenté à Nicole Vachon

Par Geneviève Chabot

Dans le cadre du cours
RÉDACTION DE RAPPORTS
412-IC3-LL

Cégep de Lévis-Lauzon

Le 23 mars 2011

La signature manuscrite doit se trouver à la fin du rapport (après la conclusion et les recommandations) et non pas sur la page titre. Elle précédera le nom du rédacteur ou de la rédactrice, suivi de son titre.

La table des matières

La table des matières commence par l'introduction (portant le numéro de page 1 en chiffres arabes) et comprend tous les intertitres et subdivisions tels qu'ils figurent dans le rapport, les annexes avec leurs titres (s'il y a lieu), la bibliographie ou médiagraphie également. Attention aux points de conduite, qui doivent être précédés d'une espace et suivis préférablement de deux espaces. Les numéros de pages doivent être alignés à droite. Vous pouvez présenter la table des matières de deux façons, soit en numérotant l'introduction et la conclusion, soit en commençant la numérotation des parties après l'introduction. Voyez les deux exemples qui suivent. Notez que la médiagraphie n'est pas précédée d'un numéro comme les intertitres, car elle ne fait pas partie du texte du rapport. Cependant, elle comporte un numéro de page.

Les listes

Lorsque le nombre d'éléments le justifie, produisez une liste des tableaux, figures, illustrations, abréviations ou symboles. Cette liste suit la table des matières. On doit écrire *Tableau 1*, le titre exact du tableau et le numéro de la page où il se trouve. La même règle s'applique aux figures. Si vous le jugez pertinent, vous pouvez présenter la liste des tableaux et figures sur une même page.

8.3 Les pages de texte

Les points à retenir dans la présentation du texte concernent la pagination, la présentation des grands titres (Introduction, Conclusion et Recommandations) selon la numérotation de la table des matières et la présentation des intertitres.

La pagination

La pagination (numérotation des pages), de l'introduction à la conclusion ou aux recommandations, se fait en chiffres arabes, l'introduction portant toujours le numéro 1. Toutes les pages sont comptées, même les pages blanches. Attention : une page comptée n'est pas synonyme de page numérotée.

Première façon de faire

Lorsque la pagination est faite en haut de page, le numéro ne doit pas figurer sur les pages comprenant un grand titre, car celui-ci ne supporte pas d'intrusion dans son espace. Voici un exemple :

GESTION PARTICIPATIVE

1. Introduction

La crise économique actuelle oblige les entreprises à innover. La compétition, de plus en plus grande, vient de partout dans le monde. Les bonnes vieilles méthodes autoritaires et paternalistes des débuts de l'industrialisation ne fonctionnent plus et ne répondent plus aux nouveaux défis.

Il s'avère donc important de proposer la gestion participative, autre façon de diriger les entreprises. Complice de la réussite japonaise des dernières décennies, elle est maintenant reconnue dans plusieurs pays industrialisés, dont les États-Unis et le Canada. Dans ce rapport, nous comparons la gestion participative aux méthodes d'administration traditionnelles, en mettant l'accent sur la participation du personnel et les relations interpersonnelles. Il est ensuite question de l'implantation de cette forme de gestion, en précisant les étapes de la démarche, le partage du pouvoir et des responsabilités, le nouveau rôle des cadres, la mise sur pied de cercles de qualité et les types de récompenses. Viennent ensuite les réactions, tant de la part des travailleurs et travailleuses que de celle des dirigeants et dirigeantes, afin de comprendre le point de vue de chacune des parties. Les problèmes rencontrés et les avantages attendus de ce modèle de gestion sont dénombrés, avant de conclure et de formuler quelques recommandations aux entreprises désireuses de l'implanter.

2. Gestion traditionnelle et gestion participative

Au début de l'industrialisation, le but des entreprises était de produire en grande quantité. La gestion autoritaire, habituellement rencontrée dans l'entreprise traditionnelle, se caractérise par des directives précises et limitées au personnel respectueux de l'organigramme hiérarchique. Il exécute les ordres sans se poser de questions, puisque le travail qu'il fait est vérifié par une autre personne. Le but est alors de produire le plus rapidement possible sans se préoccuper des erreurs.

Aujourd'hui, l'industrie vise des produits de meilleure qualité à moindre coût, en stimulant l'innovation pour faire face à la concurrence internationale. La gestion participative répond à ces nouveaux besoins ; elle propose d'aplanir la structure organisationnelle et de responsabiliser chaque membre du personnel quant à la qualité des produits et services. La communication doit circuler du bas vers le haut de la hiérarchie, contrairement à un type de gestion autoritaire. De plus, la gestion participative privilégie la formation et le perfectionnement du personnel. Voyons la différence marquée de ces deux types de gestion quant à la participation du personnel et à l'importance des relations interpersonnelles.

2

2.1   Participation du personnel

Plus particulièrement, la gestion participative consiste à faire participer le personnel à l'organisation des tâches et à la prise de décision afin d'atteindre les objectifs de l'entreprise.

> La gestion participative utilise et encourage systématiquement les aptitudes et la motivation des travailleurs pour optimiser la production et le développement de biens et services de façon continue, en permettant aux travailleurs de prendre part aux décisions concernant les structures et les processus de travail et de production[1].

La gestion participative exige d'impliquer le personnel. La libre circulation de l'information et la transparence du côté de la direction sont nécessaires. Cette forme de gestion demande au personnel d'effectuer les tâches routinières, mais aussi d'apporter des idées quant au processus de production, de prévoir les pannes, de repérer les défauts de fabrication et de critiquer le mode de fonctionnement. Ces suggestions deviennent des ressources importantes pour l'entreprise afin de résoudre les problèmes, de diminuer les coûts et d'améliorer la qualité des produits et services. Le personnel, appelé à travailler en groupes autonomes, connaît les objectifs à atteindre. Il planifie, exécute et contrôle le travail, d'où une plus grande efficacité. La participation du personnel se révèle alors un atout majeur pour l'entreprise.

2.2   Relations interpersonnelles

La gestion participative implique une réorganisation complète des relations interpersonnelles. Ce type de gestion ne remet pas en question la fonction d'autorité nécessaire à toute organisation, mais plutôt la manière de l'exercer, afin de mobiliser toutes les ressources de l'entreprise dans un rapport gagnant-gagnant pour la clientèle, l'entreprise et son personnel.

> La gestion participative ne commande pas un engagement des personnes en situation d'autorité à se plier au consensus, mais exige un engagement de ces personnes à tenir compte du point de vue des groupes ou individus qui se sont exprimés par le biais des différents mécanismes de participation. Le niveau de participation s'adapte à différentes formes de partage du pouvoir allant de la délégation totale de la prise de décision jusqu'à la simple information sur une décision qui a été prise[2].

---

1.   Ulrich PEKRUHL. « La gestion participative en Suisse et en Europe », *La Vie économique*, avril 2007, p. 9.
2.   LA MYRIADE, centre de réadaptation. *Modèle de gestion*, septembre 2008, p. 9, [crlamyriade.qc.ca/documents/modelegestion.pdf] (document consulté le 4 avril 2010).

Lorsque la pagination est faite en bas de page, le numéro est indiqué sur chacune des pages, de façon continue, de l'introduction à la médiagraphie.

LA MALTRAITANCE ENVERS LES ENFANTS

1. Introduction

Bien qu'un siècle se soit écoulé depuis le drame de Fortierville, la terrible histoire d'Aurore Gagnon, portée à l'écran dans une première fois en 1952 et une seconde en 2005, nous bouleverse encore.

Le but de ce rapport est d'informer les gens sur la maltraitance envers les enfants. Il sera d'abord question de ce qu'on entend par la maltraitance avant de décrire les facteurs de risque. Nous verrons ensuite les différents types de mauvais traitements afin de percevoir les symptômes révélateurs de chacun. Puis viendra une description de l'impact que la maltraitance peut avoir sur les enfants. Ensuite, nous parlerons de la conduite à adopter envers l'enfant maltraité, nous aborderons le secret professionnel et nous terminerons avec le signalement. Finalement, nous proposons des façons de faire afin de changer cette forme de comportement envers les enfants.

2. Définition

Un enfant en danger peut non seulement être un enfant maltraité mais également un enfant à risque. L'enfant maltraité est victime de violence physique, sexuelle ou psychologique, pouvant entraîner des conséquences sur son développement. L'enfant à risque connaît plutôt des conditions de vie difficiles qui peuvent, à court ou à moyen terme, nuire à sa santé, à sa sécurité et à son équilibre ; cet enfant n'est pas pour autant maltraité. Les définitions retenues par l'Observatoire national de l'action sociale décentralisée sont les suivantes :

L'enfant maltraité est celui qui est victime de violences physiques, d'abus sexuels, de cruauté mentale, de négligences lourdes ayant des conséquences sur son développement physique et psychologique. [...] L'enfant en risque est celui qui connaît des conditions d'existence qui risquent de mettre en danger sa santé, sa sécurité, sa moralité, son éducation ou son entretien, mais qui n'est pas pour autant maltraité[1].

1. Marie-Claude Hofner, Yves Ammann et Dorothée Bregnard. *Recherche sur la maltraitance envers les enfants dans le canton de Vaud*, Lausanne, Hospices cantonaux – DUMSC, 2001, p. 45, [iumsp.ch/Publications/pdf/RdS60_fr.pdf] [document consulté le 11 avril 2011].

1

En 2003, le nombre d'enfants à risque en France était estimé à 89 000 par l'Observatoire national de l'action sociale décentralisée, qui qualifiait ce phénomène de crise sociétale.

En effet, on constate cette année une augmentation sensible du nombre de signalements d'enfants en danger, mais ce sont les situations de risque qui progressent, et non la maltraitance[2].

3. Facteurs de risque

Plusieurs facteurs de risque sont à prendre en considération. Il faut toutefois faire preuve de prudence puisque la présence d'un ou de plusieurs facteurs dans la vie de l'enfant n'indique pas nécessairement qu'il y a de la maltraitance.

3.1 Facteurs sociaux

On dénombre beaucoup plus d'enfants victimes de maltraitance dans les milieux défavorisés. Les faibles ressources financières pour subvenir aux besoins de la famille peuvent conduire à la violence, tout comme la précarité de l'emploi ou le chômage. Les adultes vivant dans la pauvreté éprouvent un stress particulièrement élevé et connaissent l'instabilité sociale. Cependant, les familles aisées ne sont pas épargnées et peuvent cacher des formes de violence autres que physiques. L'endettement, le divorce, l'abus de substances telles que l'alcool et les drogues, sont autant de facteurs liés à l'éclosion de la violence, laquelle peut se répercuter sur les enfants.

2. Observatoire national de l'action sociale décentralisée. « Évolution des signalements des enfants en danger en 2003 », *La lettre de l'Odas*, décembre 2004, p. 1, [odas.net/IMG/pdf/200412_lettreEnfance_Dec04.pdf] [document consulté le 11 avril 2011].

2

Deuxième façon de faire

Que la pagination soit faite en haut ou en bas de page, la première page d'un document ou d'une section ne porte pas de numéro, mais elle est comptée. Autrement dit, aussitôt qu'une page comprend un grand titre, on n'y indique pas de numéro de page.

> Les pages suivantes, de l'introduction jusqu'à la médiagraphie, en incluant les annexes, sont numérotées en chiffres arabes (1, 2, 3, 4, etc.). Bien qu'elle soit comptée dans la numérotation en chiffres romains minuscules, la page de titre n'est pas paginée. De même, la première page d'un chapitre ou d'une nouvelle section est comptée dans la numérotation, mais n'est pas paginée [...][25].

> Nous ne paginons pas les pages qui commencent par un titre (introduction, chapitre, conclusion, annexe, index, bibliographie), mais elles comptent dans la numérotation[26].

25. Département de langue et littérature françaises. *Protocole pour la présentation matérielle des travaux*, Montréal, Université McGill, [litterature.mcgill.ca/protocole_travaux.html#pagination] (page consultée le 7 mai 2011).

26. Département de lettres. *Guide de présentation d'un travail de recherche*, Cégep de Lévis-Lauzon, août 2002, p. 4, [clevislauzon.qc.ca/Pdf/guide_travail_recherche.pdf] (document consulté le 7 mai 2011).

Voici un exemple tiré du même rapport, dans une nouvelle mise en pages. Cette fois, la deuxième façon de faire est utilisée en bas de page: aussitôt qu'un grand titre figure sur une page, que la pagination soit en haut ou en bas de page, on ne la numérote pas.

LA MALTRAITANCE ENVERS LES ENFANTS

1. Introduction

Bien qu'un siècle se soit écoulé depuis le drame de Fortierville, la terrible histoire d'Aurore Gagnon, portée à l'écran dans une première fois en 1952 et une seconde en 2005, nous bouleverse encore.

Le but de ce rapport est d'informer les gens sur la maltraitance envers les enfants. Il sera d'abord question de ce qu'on entend par la maltraitance avant de décrire les facteurs de risque. Nous verrons ensuite les différents types de mauvais traitements afin de percevoir les symptômes révélateurs de chacun. Puis viendra une description de l'impact que la maltraitance peut avoir sur les enfants. Ensuite, nous parlerons de la conduite à adopter envers l'enfant maltraité, nous aborderons le secret professionnel et nous terminerons avec le signalement. Finalement, nous proposons des façons de faire afin de changer cette forme de comportement envers les enfants.

2. Définition

Un enfant en danger peut non seulement être un enfant maltraité mais également un enfant à risque. L'enfant maltraité est victime de violence physique, sexuelle ou psychologique, pouvant entraîner des conséquences sur son développement. L'enfant à risque connaît plutôt des conditions de vie difficiles qui peuvent, à court ou à moyen terme, nuire à sa santé, à sa sécurité et à son équilibre ; cet enfant n'est pas pour autant maltraité. Les définitions retenues par l'Observatoire national de l'action sociale décentralisée sont les suivantes :

L'enfant maltraité est celui qui est victime de violences physiques, d'abus sexuels, de cruauté mentale, de négligences lourdes ayant des conséquences sur son développement physique et psychologique. [...] L'enfant en risque est celui qui connaît des conditions d'existence qui risquent de mettre en danger sa santé, sa sécurité, sa moralité, son éducation ou son entretien, mais qui n'est pas pour autant maltraité[1].

---

1. Marie-Claude HOFNER, Yves AMMANN et Dorothée BREGNARD. *Recherche sur la maltraitance envers les enfants dans le canton de Vaud*, Lausanne, Hospices cantonaux – DUMSC, 2001, p. 45, [iumsp.ch/Publications/pdf/RdS60_fr.pdf] (document consulté le 11 avril 2011).

En 2003, le nombre d'enfants à risque en France était estimé à 89 000 par l'Observatoire national de l'action sociale décentralisée, qui qualifiait ce phénomène de crise sociétale.

En effet, on constate cette année une augmentation sensible du nombre de signalements d'enfants en danger, mais ce sont les situations de risque qui progressent, et non la maltraitance[2].

3. Facteurs de risque

Plusieurs facteurs de risque sont à prendre en considération. Il faut toutefois faire preuve de prudence puisque la présence d'un ou de plusieurs facteurs dans la vie de l'enfant n'indique pas nécessairement qu'il y a de la maltraitance.

3.1 Facteurs sociaux

On dénombre beaucoup plus d'enfants victimes de maltraitance dans les milieux défavorisés. Les faibles ressources financières pour subvenir aux besoins de la famille peuvent conduire à la violence, tout comme la précarité de l'emploi ou le chômage. Les adultes vivant dans la pauvreté éprouvent un stress particulièrement élevé et connaissent l'instabilité sociale. Cependant, les familles aisées ne sont pas épargnées et peuvent cacher des formes de violence autres que physiques. L'endettement, le divorce, l'abus de substances telles que l'alcool et les drogues, sont autant de facteurs liés à l'éclosion de la violence, laquelle peut se répercuter sur les enfants.

---

2. OBSERVATOIRE NATIONAL DE L'ACTION SOCIALE DÉCENTRALISÉE. «Évolution des signalements des enfants en danger en 2003 », *La lettre de l'Odas*, décembre 2004, p. 1, [odas.net/IMG/pdf/200412_lettreEnfance_Dec04.pdf] (document consulté le 11 avril 2011).

2

La présentation des grands titres

La façon de numéroter les points dans la table des matières influence la présentation de l'introduction, de la conclusion et des recommandations. Voici deux tables des matières numérotées différemment.

TABLEAU 8.1 La numérotation des points dans la table des matières

Introduction, conclusion et recommandations numérotées	Introduction, conclusion et recommandations non numérotées
1. Introduction	Introduction
2. Définition	1. Types de véhicules
3. Formes de dyslexie	2. Caractéristiques
4. Raisons	3. Avantages et inconvénients
5. Groupes cibles	4. Marque et fiabilité
6. Diagnostic	5. Commandes spéciales
7. Traitements	6. Règles de sécurité
8. Intégration	6.1. Charge
9. Conclusion	6.2. Dimensions
10. Recommandations	7. Inspections
Médiagraphie	Conclusion
	Recommandations
	Médiagraphie

Lorsque l'introduction et la conclusion sont numérotées, présentez la première page du texte en saisissant le grand titre (centré) à environ 5 cm du haut de la page. Laissez deux ou trois lignes blanches ou un espace équivalent sous le grand titre, puis indiquez le premier intertitre avec son numéro, soit **1. Introduction**, aligné à gauche. Voyez le modèle ci-dessous avec pagination en haut de page. La première page ne comporte pas de numéro à cause du grand titre qui ne partage pas son espace, mais le numéro 2 figure sur la deuxième page.

LE VIRAGE À DROITE
AU FEU ROUGE

1. Introduction

Les modes de transport ont beaucoup évolué par rapport à ce que nos parents ont pu connaître. Le parc automobile augmente à un rythme effréné, exposant la population urbaine à un défi quotidien : la congestion routière. Pour remédier à ce problème, les municipalités établissent des corridors réservés aux autobus et aux taxis, prônent l'autopartage et modifient les règles de conduite.

Dans ce rapport, nous vous informons sur le virage à droite au feu rouge. Après avoir rappelé les circonstances de l'entrée en vigueur de la manœuvre, nous nous intéressons aux raisons pour lesquelles une telle modification de la circulation était souhaitée. Une vérification du nombre d'accidents impliquant des piétons précède l'étude de l'impact sur l'environnement et l'économie. Ensuite, il est question des oppositions au virage à droite. Nous examinons de près les critères déterminant à quelles intersections le ministère des Transports autorise la manœuvre. Finalement, nous dénombrons les infractions liées au virage à droite au feu rouge.

2. Entrée en vigueur

Le 1ᵉʳ décembre 1999, le livre vert intitulé *La sécurité routière au Québec* a été rendu public par le ministère des Transports et portait, entre autres, sur le virage à droite au feu rouge. Des projets pilotes ont été annoncés du 15 janvier 2001 au 15 janvier 2002. Ces projets faisaient l'objet d'une évaluation dont les principaux critères étaient le temps d'attente et de déplacement, l'analyse des accidents, l'étude de comportement et les réponses à des sondages. Une évaluation complémentaire, en septembre 2002, concluait que les avantages du virage à droite étaient peu nombreux. Malgré cela, cette évaluation mentionnait que, même si la manœuvre comportait des risques, son acceptation n'aurait pas nécessairement d'effets

négatifs graves sur la sécurité routière. Le 11 septembre 2002, ce rapport a été remis au Conseil des ministres. En vue d'une mise en place sécuritaire du virage à droite, le Conseil a demandé qu'un plan d'action soit élaboré. C'est à l'occasion du dépôt de ce plan d'action, le 7 novembre 2002, qu'on a annoncé la date d'entrée en vigueur du virage à droite au feu rouge. C'est donc depuis le 13 avril 2003 que la manœuvre est généralement permise au Québec — dernière province canadienne à autoriser ce virage —, sauf sur l'île de Montréal, ce qui est toujours le cas en 2011.

3. Raisons invoquées

Si, aujourd'hui, il est possible d'effectuer la manœuvre du virage à droite au feu rouge, c'est en grande partie grâce aux États américains. En 1975, le Congrès américain établissait une législation ordonnant à ces mêmes États d'autoriser la manœuvre (à l'exeption de la ville de New York). Cette démarche, faisant suite à la crise du pétrole de 1973, visait principalement l'économie de carburant en réduisant le temps d'attente au feu rouge. Évidemment, une économie de carburant signifie aussi une économie d'argent sur une longue période pour les usagers et usagères de la route. Le virage à droite devait aussi diminuer les embouteillages aux feux de circulation.

4. Accidents

Le virage à droite est moins dangereux que prévu ! En effet, le ministère des Transports avait prédit que le changement de réglementation entraînerait environ 500 accidents. Dans les faits, le virage à droite au feu rouge a été à l'origine de 270 accidents déclarés au Québec en 2003-2004. Aucun accident signalé n'a entraîné de décès. Parmi les blessés, on note une proportion importante de cyclistes, soit 31 %. La majorité des accidents impliquaient des voitures, mais les véhicules lourds ont été mêlés à 36 % des collisions. Une différence évidente sépare les prévisions de la réalité. En 2003, le ministre des Transports du Québec, M. Yvon Marcoux, a estimé qu'il s'agissait d'un bilan positif.

Lorsque l'introduction, la conclusion et les recommandations ne sont pas numérotées, le mot INTRODUCTION devient le grand titre du rapport en page 1 et l'introduction se présente seule sur cette page. Par souci d'esthétique, vous pouvez centrer cette page verticalement, lorsque le texte est plutôt court. Suivez la même façon de faire pour la CONCLUSION et les RECOMMANDATIONS. Les intertitres commencent à la page 2. Dans l'exemple suivant, le numéro de page est en bas, conformément à la première façon de faire qui est beaucoup moins compliquée.

INTRODUCTION

Depuis des décennies, les femmes essaient de se démarquer, de faire leur place dans la société. Elles ont dû se battre pour avoir accès à l'éducation, à l'emploi puis au droit de parole. Ce droit de parole leur a été reconnu plus spécialement par le droit de vote, obtenu au Québec en 1940, voilà moins d'un siècle. Depuis, elles prennent de plus en plus leur place sur l'échiquier politique.

Le but de ce rapport est de démontrer que le nombre de femmes en politique augmente progressivement au Québec. Il est d'abord question de la première femme ayant été élue à l'Assemblée nationale. Ensuite, un parallèle est établi entre la composition du gouvernement provincial en 1988 et en 1994, considérant le nombre de députées et de ministres, avant de vérifier si la progression est plus grande de 2004 à 2010. Nous voyons également l'importance des ministères gérés par des femmes afin de vérifier quel taux de crédibilité on leur accorde en matière politique.

1

1. **Première femme à siéger au Parlement provincial**

Les femmes ont le droit de vote au Québec depuis 1940, mais ce n'est qu'en 1961, soit 21 ans plus tard, qu'une femme est enfin élue députée.

En effet, M. Charles-Aimé Kirkland, député de Jacques-Cartier, meurt en 1961, ce qui entraîne la tenue d'une élection partielle dans cette localité. Sa fille, Claire Kirkland-Casgrain, décide de se présenter aux élections. À cette époque, le nombre de comtés n'était que de 95. Elle représente le Parti libéral et remporte facilement le vote. Onze mois plus tard, elle triomphe aux élections générales et devient la première femme ministre, même s'il s'agit d'un ministère sans portefeuille (sans la responsabilité d'un ministère en particulier). En 1964, elle est nommée ministre des Transports et des Communications dans le cabinet Lesage. Vous pouvez accéder à la liste des femmes parlementaires depuis 1961 sur le site de l'Assemblée nationale du Québec[1], sous l'onglet Histoire.

Mme Claire Kirkland-Casgrain s'est fait remarquer, entre autres, par la Loi sur la capacité juridique de la femme mariée en 1964, permettant aux femmes d'accéder à l'égalité juridique de leur conjoint. Elle est la seule femme à siéger au Parlement jusqu'en 1973, année où elle quitte la vie politique.

2. **Représentation féminine en 1988**

Voyons maintenant à quel point les femmes, 27 ans après la nomination de la ministre Kirkland-Casgrain, se sont impliquées sur la scène politique. Un relevé du nombre de femmes parmi les députés et ministres permettra de le constater.

---

1. ASSEMBLÉE NATIONALE. *Les femmes parlementaires depuis 1961*, Québec, [www.assnat.qc.ca/fr/patrimoine/femmes.html] (page consultée le 13 mars 2011).

2

La présentation des intertitres

Chaque intertitre (subdivision) doit comprendre du texte. On ne peut passer directement d'un point à un autre sans une phrase ou un paragraphe pour introduire les subdivisions. Il faut présenter les subdivisions du point concerné, comme dans l'exemple ci-dessous.

5. Représentation féminine en 2010

Qu'en est-il en 2010? Les dernières élections ont eu lieu en 2008. M. Jean Charest occupe le poste de premier ministre et le nombre de comtés est toujours de 125. Depuis, quelques modifications ont été apportées.

5.1 Les députées

Au début de 2010, 36 femmes font partie de l'Assemblée nationale, dont 20 du Parti libéral. Le Parti québécois est représenté par 15 femmes (Mme Marois est chef du parti), alors que Mme Sylvie Roy, arrivée à l'ADQ en 2003, y siège toujours. Ces 36 femmes représentent 28,8 % du nombre de députés.

Un intertitre ne doit pas être isolé en bas de page, tout comme une ligne seule ne peut se trouver en bas de page (orpheline) ni en haut de page (veuve). Dans l'exemple ci-dessous, la dernière ligne devrait être chassée à la page suivante.

3.2 Pouvoir et responsabilités

Le partage du pouvoir et des responsabilités constitue l'un des outils essentiels en gestion participative. L'enrichissement de la tâche de l'ouvrier ou de l'ouvrière modifie les tâches aux échelons supérieurs. La direction transmet la vision de l'entreprise au personnel et explique ses décisions et ses attentes de façon claire et honnête. Lorsque nécessaire, elle met la main à la pâte. Cette façon de démontrer sa capacité de faire des choses ordinaires donne du poids à ses interventions. Diriger en s'expliquant, voilà une manière de ne pas être autoritaire et de faire comprendre le but visé. De nombreux employés et employées, soumis à des modes de gestion autoritaire dans lesquels leur travail était limité, ont perdu foi en leur capacité d'améliorer leurs façons de faire. Il faut donc créer un sentiment d'appartenance, harmoniser les rapports avec les employés et employées, participer à leurs activités, les écouter, répondre à leurs interrogations et garder une attitude positive et conciliante.

3.3 Rôle du dirigeant ou de la dirigeante

8.4 Les pages annexes

Les pages annexes suivent la conclusion ou les recommandations d'un rapport. Elles comprennent les annexes, la médiagraphie et l'index, et sont paginées en chiffres arabes.

Les annexes

Les annexes, indiquées par des chiffres romains majuscules, portent un titre (Annexe I – Rapport annuel 2010); elles doivent être mentionnées dans la table des matières. On doit obligatoirement y faire référence au moins une fois dans le texte, afin d'en informer les lecteurs et lectrices (*Voir l'Annexe I – Rapport annuel 2010*). Limitez les annexes aux documents qui ne peuvent être reproduits dans le rapport comme tel, par exemple un contrat, un plan ou tout autre document ordinairement volumineux, puisque les logiciels permettent d'incorporer des graphiques, illustrations et tableaux dans les pages de texte. Les appendices sont des documents non indispensables au rapport, inclus pour information complémentaire, présentés sous la même forme que les annexes.

MÉDIAGRAPHIE

BISSON, Bruno. «Le bilan du virage à droite au feu rouge : depuis 2003, 5 personnes sont mortes et 30 ont été gravement blessées», *La Presse*, 18 août 2010, p. A5.

CENTRE DE DÉVELOPPEMENT TECHNOLOGIQUE. *Le virage à droite au feu rouge au Québec*, Montréal, École polytechnique, septembre 2002, 54 p.

MINISTÈRE DES TRANSPORTS. *Amendes et points d'inaptitude*, Québec, 2007, [www.mtq.gouv.qc.ca] (page consultée le 16 avril 2011).

SOCIÉTÉ DE L'ASSURANCE AUTOMOBILE DU QUÉBEC. *Virage à droite au feu rouge*, Québec, [saaq.gouv.qc.ca/prevention/virage_droite] (page consultée le 3 avril 2011).

TABLE QUÉBÉCOISE DE LA SÉCURITÉ ROUTIÈRE. *Deuxième rapport de recommandations : pour poursuivre l'amélioration du bilan routier*, novembre 2009, 55 p., [www.securite-routiere.qc.ca/Pages/Publications.aspx] (page consultée le 12 avril 2011).

La médiagraphie

La bibliographie ou médiagraphie ordonne alphabétiquement les références des documents cités ou consultés pour rédiger le rapport. Notez que les entrées bibliographiques donnent le nombre de pages des livres, guides, rapports et mémoires, et non pas le numéro de la ou des pages citées, contrairement aux revues et journaux. Rappelez-vous que, lorsqu'il n'y a pas d'auteur ou d'auteure, le classement alphabétique se fait selon le titre du livre, de l'article de revue ou de journal. Renfoncez la deuxième ligne d'une référence et les suivantes. Placez la médiagraphie en fin de texte, après les annexes mais avant l'index. Paginez-la en chiffres arabes à la suite de la conclusion ou des recommandations (si les recommandations sont à la page 8, la médiagraphie portera le numéro 9). Le numéro de page est indiqué quand la pagination est en bas de page. Cependant, quand la pagination est en haut de page, le numéro n'est pas inscrit, car rien ne doit dominer un grand titre. Comme on l'a vu précédemment, vous pouvez opter pour la deuxième façon de faire: aucun numéro pour les pages portant un grand titre, comme dans l'exemple ci-contre.

L'index

Lorsque le rapport est très volumineux, on peut lister en ordre alphabétique certains mots utilisés dans le corps du texte, avec le numéro de page où ils figurent, pour permettre aux lecteurs et lectrices de s'y référer plus facilement.

Les polices de caractères

Une police de caractères est l'ensemble des lettres, des chiffres et des signes de ponctuation d'un même type (même forme). Une police comprend habituellement 128 signes. On accepte généralement deux polices différentes dans un même texte. Le corps de texte est habituellement de 10 à 12 points et doit être séparé du titre ou du sous-titre par trois lignes blanches ou l'espacement équivalent.

Certains caractères comprennent des empattements, c'est-à-dire qu'un petit trait horizontal souligne le haut et le bas des lettres, comme la police TIMES NEW ROMAN (avec empattements). On utilise plus souvent les polices sans empattements pour les titres, les sous-titres, les légendes ; voyez cet exemple de police ARIAL (sans empattements). Cependant, la variété de polices offertes stimule la créativité ; vous pouvez juger de la qualité de votre présentation en associant une police à une autre.

L'italique sert à mettre en relief un mot ou groupe de mots. On l'emploie pour les mots étrangers, les titres d'ouvrages ou de périodiques (qui ne doivent pas être soulignés, le soulignement étant de plus en plus réservé aux hyperliens), les noms d'œuvres d'art, les citations, les dédicaces, les indications (*Voir l'Annexe I*) et les caractères isolés dans un texte (mettre les points sur les *i*). Les **caractères gras** accentuent un mot très important dans un paragraphe ou les mots-clés d'un article. LES PETITES CAPITALES sont souvent employées pour les noms de famille dans la médiagraphie ou les notes en bas de page, ce qui donne une allure professionnelle.

LA LETTRINE est une majuscule, en début de paragraphe, dont la taille est très supérieure au corps de texte. On ne doit cependant pas abuser de la lettrine, qui devrait être unique sur une page. Lorsque vous insérez une lettrine, vous devriez terminer le ou les premiers mots avec de petites capitales, pour une transition en douceur avec le texte.

Les filets et les encadrés

Les filets ou lignes sont des traits de longueur et d'épaisseur variables qui entourent, précédent ou coiffent les titres ou les intertitres. Les filets verticaux servent généralement à séparer les colonnes d'un texte ; ils peuvent également être placés en bordure de page. Un rapport technique peut très bien être présenté sur deux ou trois colonnes, souvent séparées par des filets, afin d'être publié dans une revue ou un bulletin d'entreprise. Par exemple :

TITRE SURMONTÉ D'UN FILET

Les encadrés (zones de texte) séparent certaines parties d'un document, comme la table des matières ou une annonce dans un bulletin d'entreprise, pour les mettre en évidence ; ils mettent l'accent sur une partie du texte, un détail important. Par exemple :

ENCADRÉ

Les illustrations

La rédaction administrative recourt fréquemment à des illustrations. Il arrive que l'on reproduise un tableau, un graphique, une image ou une illustration provenant d'un livre, d'une publication ou d'une page Web. Dans ce cas, on doit en indiquer la provenance. Par exemple, le graphique suivant provient de Statistique Canada. Numérotez la figure et donnez-en la provenance ; pour les fichiers numériques, il est recommandé de donner l'URL afin d'aider les lecteurs et lectrices à retrouver l'illustration. Voyez les deux exemples ci-dessous :

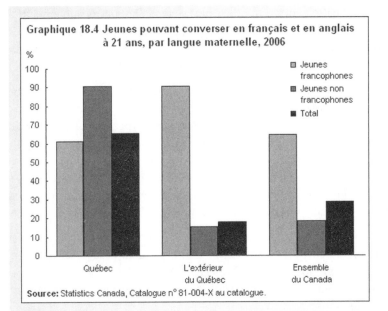

Figure 3

Source : Statistique Canada, www.statcan.ca, [www41.statcan.gc.ca/2009/ 50000cybac50000_002-fra.htm] (page consultée le 26 mai 2011).

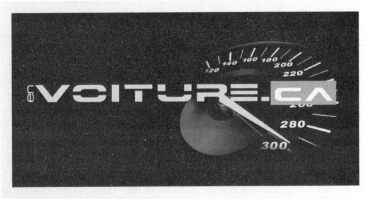

Figure 4

Publicité de « envoiture.ca »

Source : PubInteractive.ca, [blogue.pubinteractive.ca/2010/01/26/lancement-des-sites-envoiture-ca-carpassion-ca] (page consultée le 29 mars 2011).

CHAPITRE 9

Des modèles
de rapports

OBJECTIF

Se référer à des modèles de rapports

- Prendre un rapport analytique comme modèle
- Prendre un rapport de recommandation comme modèle
- Transférer les apprentissages concernant la rédaction et la présentation du rapport
- Corriger des rapports

Ce chapitre comprend quatre modèles de rapports. Le premier, un rapport analytique intitulé *Progression des femmes en politique au Québec* (*voir* page 155) convient parfaitement comme premier modèle. Toujours d'actualité, d'une longueur acceptable — une dizaine de pages à double interligne — pour un apprentissage progressif, il peut être revu et corrigé par les étudiants et étudiantes à chaque nouvelle élection. Ce rapport exige un travail rigoureux en ce qui concerne les données. Il contient des tableaux, des figures, une citation et des notes ou références en bas de page. On y emploie l'expression latine *idem*. La pagination du rapport est faite en bas de page. Enfin, la théorie s'applique parfaitement à la conclusion, partie rédactionnelle particulièrement difficile. Ce rapport est une adaptation d'un travail de Geneviève Chabot, étudiante en Techniques de bureautique, réalisé en 1994.

Le deuxième modèle, *Gestion participative* (*voir* page 169), est un rapport de recommandation. Plus près du milieu des affaires, il comprend une douzaine de pages, cette fois à un interligne et demi (à double interligne, il ferait une quinzaine de pages). La page titre montre une présentation différente, tout en respectant les éléments obligatoires. La pagination du rapport est faite en haut de page. Les sources sont plus nombreuses et plus diversifiées que dans le rapport précédent, ce qui fait qu'on y emploie les expressions *opus citatum* et *loco citato*. Le contenu exige de la concentration, mais demeure à la portée des étudiants et étudiantes. Ce modèle montre clairement la différence entre la conclusion et les recommandations. La médiagraphie comprend divers types de documents. Ce rapport est une adaptation d'un travail de Martine Bérubé, étudiante en Techniques de bureautique, rédigé en 1995.

Le troisième modèle, *Le virage à droite au feu rouge* (*voir* page 183), est un rapport analytique. Dans les références en bas de page, on peut trouver l'expression *ibidem*. Il est suivi d'un exercice afin de relever quelques erreurs et de transformer un rapport analytique en rapport de recommandation. Il donne donc l'occasion aux étudiants et étudiantes de s'autocorriger et de différencier les deux types de rapports. Ce rapport, paginé en haut de page, est une adaptation d'un travail de Jessie April, étudiante en Techniques de la logistique du transport, produit en 2006.

Le dernier modèle, un rapport de recommandation intitulé *La maltraitance envers les enfants* (*voir* page 194), se penche sur une définition de la maltraitance parmi plusieurs. La pagination du rapport est faite en bas de page. Il est lui aussi suivi d'un exercice qui permet de mieux structurer le texte. L'exercice final exige de revenir au texte, afin de rédiger une recommandation additionnelle. Ce rapport est une adaptation d'un travail de Nancy Bourget, étudiante en Techniques d'éducation à l'enfance, rédigé en 2006.

Comme vous pouvez le constater, la théorie présentée dans ce livre s'adapte à tous les types de rapports, quel que soit leur sujet. Nous remercions donc les étudiantes qui ont accepté que leurs rapports soient revus, corrigés et adaptés, afin que d'autres puissent en bénéficier.

RÉDACTION DE RAPPORTS
412-IC3-LL

PROGRESSION DES FEMMES EN POLITIQUE AU QUÉBEC

Présenté à Nicole Vachon
Enseignante

Par
Geneviève Chabot
Étudiante

Lévis, le 20 décembre 2010

TABLE DES MATIÈRES

LISTE DES TABLEAUX ET FIGURES

INTRODUCTION

Depuis des décennies, les femmes essaient de se démarquer, de faire leur place dans la société. Elles ont dû se battre pour avoir accès à l'éducation, à l'emploi puis au droit de parole. Ce droit de parole leur a été reconnu plus spécialement par le droit de vote, obtenu au Québec en 1940, voilà moins d'un siècle. Depuis, elles prennent de plus en plus leur place sur l'échiquier politique.

Le but de ce rapport est de démontrer que le nombre de femmes en politique augmente progressivement au Québec. Il est d'abord question de la première femme ayant été élue à l'Assemblée nationale. Ensuite, un parallèle est établi entre la composition du gouvernement provincial en 1988 et en 1994, considérant le nombre de députées et de ministres, avant de vérifier si la progression est plus grande de 2004 à 2010. Nous voyons également l'importance des ministères gérés par des femmes afin de vérifier quel taux de crédibilité on leur accorde en matière politique.

1

1. Première femme à siéger au Parlement provincial

Les femmes ont le droit de vote au Québec depuis 1940, mais ce n'est qu'en 1961, soit 21 ans plus tard, qu'une femme est enfin élue députée.

En effet, M. Charles-Aimé Kirkland, député de Jacques-Cartier, meurt en 1961, ce qui entraîne la tenue d'une élection partielle dans cette localité. Sa fille, Claire Kirkland-Casgrain, décide de se présenter aux élections. À cette époque, le nombre de comtés n'était que de 95. Elle représente le Parti libéral et remporte facilement le vote. Onze mois plus tard, elle triomphe aux élections générales et devient la première femme ministre, même s'il s'agit d'un ministère sans portefeuille (sans la responsabilité d'un ministère en particulier). En 1964, elle est nommée ministre des Transports et des Communications dans le cabinet Lesage. Vous pouvez accéder à la liste des femmes parlementaires depuis 1961 sur le site de l'Assemblée nationale du Québec[1], sous l'onglet Histoire.

Mme Claire Kirkland-Casgrain s'est fait remarquer, entre autres, par la Loi sur la capacité juridique de la femme mariée en 1964, permettant aux femmes d'accéder à l'égalité juridique de leur conjoint. Elle est la seule femme à siéger au Parlement jusqu'en 1973, année où elle quitte la vie politique.

2. Représentation féminine en 1988

Voyons maintenant à quel point les femmes, 27 ans après la nomination de la ministre Kirkland-Casgrain, se sont impliquées sur la scène politique. Un relevé du nombre de femmes parmi les députés et ministres permettra de le constater.

---

1.   Assemblée nationale. *Les femmes parlementaires depuis 1961*, Québec, [www.assnat.qc.ca/fr/patrimoine/femmes.html] (page consultée le 13 mars 2011).

2

2.1 Les députées

Le nombre total de députés siégeant à l'Assemblée nationale le 20 juin 1988 est de 122, dont 18 sont des femmes. Le Parti québécois compte 4 femmes députées (dont Mme Louise Harel, toujours active dans le domaine municipal), et le Parti libéral en dénombre 14 (dont Mme Monique Gagnon-Tremblay, toujours fidèle à son parti en 2010). Les femmes représentent donc 14,8 % des membres de l'Assemblée nationale.

2.2 Les ministres

Le premier ministre Robert Bourassa s'est entouré de 27 ministres, dont 4 femmes. Les femmes occupent donc 14,3 % des sièges au Conseil des ministres. Voici un tableau présentant le nom de ces ministres et leur ministère. Des informations concernant le nombre de ministres dans les cabinets[2] et les titulaires de ministères par cabinet[3] sont également disponibles sur le site de l'Assemblée nationale du Québec. Un ministre délégué est sous l'autorité directe du premier ministre pour le libérer d'une partie de sa charge.

Tableau 1

MINISTRES AU PROVINCIAL 1988 (Parti libéral)	
Affaires culturelles et vice-première ministre	Lise Bacon
Condition féminine (ministre déléguée)	Monique Gagnon-Tremblay
Santé et Services sociaux	Thérèse Lavoie-Roux
Communautés culturelles et Immigration	Louise Robic

---

2. *Id. Nombre de ministres dans les cabinets et la représentation féminine depuis 1962*, Québec, [www.assnat.qc.ca/fr/patrimoine/ministrescabinets.html] (page consultée le 14 mars 2011).
3. *Id. Titulaires de ministères depuis 1867*, Québec, [www.assnat.qc.ca/fr/patrimoine/cabinets1.html] (page consultée le 14 mars 2011).

3

3. Représentation féminine en 1994

Après l'élection du 12 septembre 1994, la présence des femmes au Parlement s'est accrue. Nous pouvons comparer le nombre de femmes parmi les députés et ministres élus.

3.1 Les députées

L'Assemblée nationale est composée de 125 députés (3 comtés supplémentaires), dont 23 sont des femmes. Le Parti libéral compte huit députées dont Mmes Monique Gagnon-Tremblay et France Dionne, qui étaient là en 1988. Le Parti québécois en dénombre 15, dont 3 étaient présentes en 1988 également : Mmes Jeanne L. Blackburn, Louise Harel et Cécile Vermette. Ces femmes représentent 18,4 % des députés.

3.2 Les ministres

Le Conseil des ministres est composé de 20 personnes, dont le premier ministre Jacques Parizeau, et compte 6 femmes. Donc, en 1994, les femmes occupent 30 % des sièges au Conseil des ministres. Le tableau suivant présente ces ministres. Remarquez l'arrivée de Mme Pauline Marois. Le titre honorifique de ministre d'État est attribué à une personnalité représentative du ministère.

Tableau 2

MINISTRES AU PROVINCIAL 1994 (Parti québécois)	
Administration et Fonction publique (ministre déléguée)	Pauline Marois
Affaires intergouvernementales canadiennes (ministre déléguée)	Louise Beaudoin
Culture et Communications	Marie Malavoy
Emploi, Concertation (ministre d'État)	Louise Harel
Sécurité du Revenu	Jeanne L. Blackburn
Tourisme (ministre déléguée) et responsable de la Régie des Installations olympiques	Rita Dionne-Marsolais

4

4. Représentation féminine en 2004

Aux élections générales du 14 avril 2003, le Parti libéral du Québec, avec son chef Jean Charest, fait élire 76 députés. Le Parti québécois, dirigé par Bernard Landry, constitue l'opposition officielle avec 45 députés. L'Action démocratique du Québec, avec son chef Mario Dumont, fait élire quatre députés. Trente-huit femmes font partie des parlementaires. Le 20 septembre 2004, des élections partielles font élire 2 femmes, ce qui ramène à 40 le nombre de femmes représentant le Québec à ce moment[4].

4.1 Les députées

Nous constatons que 40 femmes occupent cette fonction sur un total de 125 sièges, un sommet qui se maintiendra jusqu'en février 2007, soit un taux de 32 % de la députation. Plus particulièrement, 22 députées représentent le Parti libéral (Mme Monique Gagnon-Tremblay y est toujours). Le Parti québécois compte 15 députées, dont 3 étaient là en 1994, soit Mmes Louise Harel, Pauline Marois et Rita Dionne-Marsolais. Mme Sylvie Roy représente l'Action démocratique du Québec. Aux élections partielles du 20 septembre 2004, Mmes Yolande James (Parti libéral, dans Nelligan) et Elsie Lefebvre (Parti québécois, dans Laurier-Dorion) sont élues, ce qui donne un total de 40 femmes siégeant à l'Assemblée nationale.

4.2 Les ministres

Allons voir qui sont les ministres et quels ministères leur sont attribués. Nous constatons que les femmes occupent 10 postes sur 25, ce qui représente un taux de 40 % de la députation. Un ministre responsable s'occupe d'un dossier particulier ; il n'est pas à la tête d'un ministère.

---

4. *Id. La présence féminine*, Québec, [www.assnat.qc.ca/fr/patrimoine/femmes1.html] (page consultée le 14 mars 2011).

5

Tableau 3

MINISTRES AU PROVINCIAL 2004 (Parti libéral)	
Culture et Communications	Line Beauchamp
Transports (ministre déléguée)	Julie Boulet
Relations avec les citoyens et Immigration	Michelle Courchesne
Protection de la jeunesse et Réadaptation (ministre déléguée)	Margaret F. Delisle
Relations internationales et vice-première ministre	Monique Gagnon-Tremblay
Tourisme	Françoise Gauthier
Administration gouvernementale (ministre responsable)	Monique Jérôme-Forget
Développement régional et Tourisme (ministre déléguée)	Nathalie Normandeau
Famille (ministre déléguée)	Carole Théberge
Immigration et Communautés culturelles	Lise Thériault

5.   Représentation féminine en 2010

Qu'en est-il en 2010 ? Les dernières élections ont eu lieu en 2008. M. Jean Charest occupe le poste de premier ministre et le nombre de comtés est toujours de 125. Depuis, quelques modifications ont eu lieu.

5.1   Les députées

Au début de 2010, 36 femmes siègent à l'Assemblée nationale, dont 20 du Parti libéral. Le Parti québécois est représenté par 15 femmes (Mme Pauline Marois est chef du parti), alors que Mme Sylvie Roy, arrivée à l'ADQ en 2003, y siège toujours. Ces 36 femmes représentent 28,8 % du nombre total de députés.

6

5.2   Les ministres

M. Charest, en décembre 2008, s'est entouré d'un nombre égal de femmes et d'hommes portant le titre de ministres. En effet, 13 femmes occupent des postes de ministres (dont le total est de 27, incluant le premier ministre), soit un pourcentage de 44,4 %. En 2010, 12 femmes sont ministres ; Mme Monique Jérôme-Forget a démissionné de son poste en avril 2009.

Tableau 4

MINISTRES AU PROVINCIAL 2010 (Parti libéral)	
Éducation, Loisir et Sport	Line Beauchamp
Aînés (ministre responsable)	Marguerite Blais
Emploi et Solidarité sociale	Julie Boulet
Administration gouvernementale (ministre responsable)	Michelle Courchesne
Relations internationales et Francophonie (ministre responsable)	Monique Gagnon-Tremblay
Famille	Yolande James
Tourisme	Nicole Ménard
Ressources naturelles et Faune, Plan Nord (ministre responsable), vice-première ministre	Nathalie Normandeau
Culture, Communications et Condition féminine	Christine St-Pierre
Travail	Lise Thériault
Services sociaux (ministre déléguée)	Dominique Vien
Immigration et Communautés culturelles	Kathleen Weil

7

Si nous représentons graphiquement le nombre de députées et de ministres depuis 22 ans au Parlement du Québec, nous voyons une nette progression, surtout depuis 1994, malgré une légère diminution du nombre des députées de 2004 à 2010.

Figure 1   Progression des femmes au provincial 1988-2010

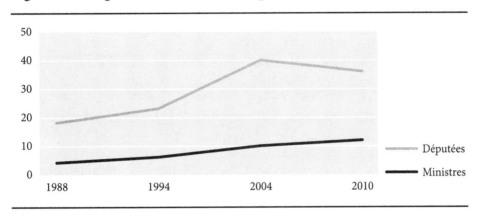

Par ailleurs, malgré cette progression constante, il n'en reste pas moins que la députation féminine est loin de créer l'égalité. En effet, en 2010, on ne compte que 36 femmes sur 125 députés.

Figure 2   Comparaison du nombre de femmes et d'hommes au provincial 1988-2010

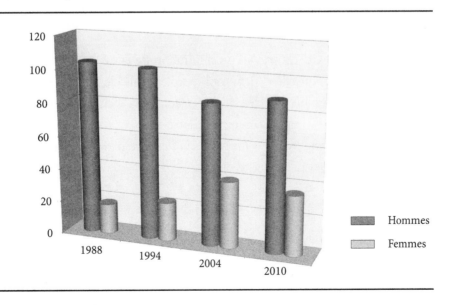

8

6.   Ministères dirigés par des femmes

Mme Claire Kirkland-Casgrain a été nommée ministre sans porte-feuille en 1962. Deux ans plus tard, on lui a attribué l'important ministère des Transports et des Communications. Depuis 1988, les femmes ont de très grandes responsabilités, notamment à la tête de ministères tels que les Affaires culturelles, la Condition féminine ou la Santé et les Services sociaux.

En 1994, les ministères qu'elles chapeautent sont, entre autres, l'Emploi, la Sécurité du Revenu et la Culture et les Communications.

En 2004, les ministères des Relations internationales, du Transport, du Développement régional et du Tourisme, de la Famille, et de la Culture et des Communications sont sous la responsabilité des femmes.

En 2010, le Travail, l'Éducation, les Relations internationales, les Ressources naturelles et la Faune leur sont octroyés. On ne voit aucune discrimination dans l'attribution des ministères aux femmes.

Aujourd'hui, nous reconnaissons les compétences des parlementaires, sans nous soucier du genre féminin ou masculin. Voici ce qu'en dit Mme Denise Bombardier, dans l'article « Les femmes et la politique » :

> *Loin de nous l'idée que la politique soit réservée aux seuls cyniques et arrivistes des deux sexes. Mais force est d'admettre que les femmes qui aspirent à gouverner ou gouvernent ne sont pas différentes de leurs confrères mâles[5].*

La complexité du travail du député ou de la députée se trouve dans les trois rôles qu'il ou elle doit remplir, soit le rôle de législateur ou de législatrice (voter des lois), le rôle de contrôleur ou de contrôleuse de l'action gouvernementale et le rôle d'intermédiaire dans la représentation des citoyens et citoyennes. Voir *La fonction de député* sur le site de l'Assemblée nationale du Québec[6].

---

5.   Denise BOMBARDIER. « Les femmes et la politique », *Le Devoir*, 6 septembre 2008, p. C-5.

6.   ASSEMBLÉE NATIONALE. *La fonction de député*, Québec, [www.assnat.qc.ca/fr/abc-assemblee/fonction-depute/index.html] (page consultée le 15 mars 2011).

9

CONCLUSION

Nous pouvons remarquer qu'en 22 ans, le nombre de femmes en politique provinciale au Québec a nettement progressé. Effectivement, ce nombre a doublé du côté des députées et triplé du côté des ministres.

Si nous analysons ces données par rapport au nombre total des députés, nous devons reconnaître que malgré une croissance constante, la députation féminine en 2010 ne représente pas le tiers des membres de l'Assemblée nationale.

Par ailleurs, une analyse se limitant aux ministres démontre que, de ce côté, l'augmentation est beaucoup plus importante, soit 30 % depuis 1988. Nous constatons qu'un effort a été fait du côté de la nomination des femmes ministres, lesquelles sont maintenant presque égales en nombre aux hommes.

En terminant, il serait intéressant de faire cette même recherche du côté du gouvernement fédéral étant donné que les Canadiennes ont obtenu le droit de vote en 1918, à la fin de la Première Guerre mondiale.

Cette étude démontre que la perspicacité, liée à la ferme volonté de prendre sa place, est gage de réussite et que l'évolution de la société est une affaire de siècles.

_____

Geneviève Chabot

10

MÉDIAGRAPHIE

ASSEMBLÉE NATIONALE. *La fonction de député*, Québec, [www.assnat.qc.ca/fr/abc-assemblee/fonction-depute/index.html] (page consultée le 15 mars 2011).

ASSEMBLÉE NATIONALE. *La présence féminine*, Québec, [www.assnat.qc.ca/fr/patrimoine/femmes1.html] (page consultée le 14 mars 2011).

ASSEMBLÉE NATIONALE. *Les femmes parlementaires depuis 1961*, Québec, [www.assnat.qc.ca/fr/patrimoine/femmes.html] (page consultée le 13 mars 2011).

ASSEMBLÉE NATIONALE. *Nombre de ministres dans les cabinets et la représentation féminine depuis 1962*, Québec, [www.assnat.qc.ca/fr/patrimoine/ministrescabinets.html] (page consultée le 14 mars 2011).

ASSEMBLÉE NATIONALE. *Titulaires de ministères depuis 1867*, Québec, [www.assnat.qc.ca/fr/patrimoine/cabinets1.html] (page consultée le 14 mars 2011).

BOIVIN, Gilles. « Un cabinet tourné vers les régions », *Le Soleil*, n° 267, 27 septembre 1994, p. 1.

BOMBARDIER, Denise. « Les femmes et la politique », *Le Devoir*, 6 septembre 2008, p. C-5.

DESROCHERS, Lucie. « La lente accession au pouvoir politique », *La Gazette des femmes*, vol. 11, n° 6, mars-avril 1990, p. 18.

DUMONT, Micheline, et autres. *L'histoire des femmes au Québec depuis quatre siècles*, 2ᵉ édition rév., Montréal, Éditions Le Jour, 1992, 649 p.

GIRARD, Normand. « 3 ministres pour Québec et Montréal », *Le Journal de Québec*, vol. XXVIII, n° 201, 27 septembre 1994, p. 8.

MONIÈRE, Denis. *L'année politique au Québec 1987-1988*, Montréal, Éditions Québec Amérique, 1989, 254 p.

11

GESTION PARTICIPATIVE

Présenté à
Madame Nicole Vachon, enseignante

Par Martine Bérubé

Dans le cadre du cours *Rédaction de rapports*

Lévis, le 17 mars 2010

TABLE DES MATIÈRES

GESTION PARTICIPATIVE

1. Introduction

La crise économique actuelle oblige les entreprises à innover. La compétition, de plus en plus grande, vient de partout dans le monde. Les bonnes vieilles méthodes autoritaires et paternalistes des débuts de l'industrialisation ne fonctionnent plus et ne répondent plus aux nouveaux défis.

Il s'avère donc important de proposer la gestion participative, autre façon de diriger les entreprises. Complice de la réussite japonaise des dernières décennies, elle est maintenant reconnue dans plusieurs pays industrialisés, dont les États-Unis et le Canada. Dans ce rapport, nous comparons la gestion participative aux méthodes d'administration traditionnelles, en mettant l'accent sur la participation du personnel et les relations interpersonnelles. Il est ensuite question de l'implantation de cette forme de gestion, en précisant les étapes de la démarche, le partage du pouvoir et des responsabilités, le nouveau rôle des cadres, la mise sur pied de cercles de qualité et les types de récompenses. Viennent ensuite les réactions, tant de la part des travailleurs et travailleuses que de celles des dirigeants et dirigeantes, afin de comprendre le point de vue de chacune des parties. Les problèmes rencontrés et les avantages attendus de ce modèle de gestion sont dénombrés, avant de conclure et de formuler quelques recommandations aux entreprises désireuses de l'implanter.

2. Gestion traditionnelle et gestion participative

Au début de l'industrialisation, le but des entreprises était de produire en grande quantité. La gestion autoritaire, habituellement rencontrée dans l'entreprise traditionnelle, se caractérise par des directives précises et limitées au personnel respectueux de l'organigramme hiérarchique. Il exécute les ordres sans se poser de questions, puisque le travail qu'il fait est vérifié par une autre personne. Le but est alors de produire le plus rapidement possible sans se préoccuper des erreurs.

Aujourd'hui, l'industrie vise des produits de meilleure qualité à moindre coût, en stimulant l'innovation pour faire face à la concurrence internationale. La gestion participative répond à ces nouveaux besoins ; elle propose d'aplanir la structure organisationnelle et de responsabiliser chaque membre du personnel quant à la qualité des produits et services. La communication doit circuler du bas vers le haut de la hiérarchie, contrairement à un type de gestion autoritaire. De plus, la gestion participative privilégie la formation et le perfectionnement du personnel. Voyons la différence marquée de ces deux types de gestion quant à la participation du personnel et à l'importance des relations interpersonnelles.

2.1 Participation du personnel

Plus particulièrement, la gestion participative consiste à faire participer le personnel à l'organisation des tâches et à la prise de décision afin d'atteindre les objectifs de l'entreprise.

> *La gestion participative utilise et encourage systématiquement les aptitudes et la motivation des travailleurs pour optimiser la production et le développement de biens et services de façon continue, en permettant aux travailleurs de prendre part aux décisions concernant les structures et les processus de travail et de production[1].*

La gestion participative exige d'impliquer le personnel. La libre circulation de l'information et la transparence du côté de la direction sont nécessaires. Cette forme de gestion demande au personnel d'effectuer les tâches routinières, mais aussi d'apporter des idées quant au processus de production, de prévoir les pannes, de repérer les défauts de fabrication et de critiquer le mode de fonctionnement. Ces suggestions deviennent des ressources importantes pour l'entreprise afin de résoudre les problèmes, de diminuer les coûts et d'améliorer la qualité des produits et services. Le personnel, appelé à travailler en groupes autonomes, connaît les objectifs à atteindre. Il planifie, exécute et contrôle le travail, d'où une plus grande efficacité. La participation du personnel se révèle alors un atout majeur pour l'entreprise.

2.2 Relations interpersonnelles

La gestion participative implique une réorganisation complète des relations interpersonnelles. Ce type de gestion ne remet pas en question la fonction d'autorité nécessaire à toute organisation, mais plutôt la manière de l'exercer, afin de mobiliser toutes les ressources de l'entreprise dans un rapport gagnant-gagnant pour la clientèle, l'entreprise et son personnel.

> *La gestion participative ne commande pas un engagement des personnes en situation d'autorité à se plier au consensus, mais exige un engagement de ces personnes à tenir compte du point de vue des groupes ou individus qui se sont exprimés par le biais des différents mécanismes de participation. Le niveau de participation s'adapte à différentes formes de partage du pouvoir allant de la délégation totale de la prise de décision jusqu'à la simple information sur une décision qui a été prise[2].*

---

1. Ulrich Pekruhl. « La gestion participative en Suisse et en Europe », *La Vie économique*, avril 2007, p. 9.
2. La Myriade, centre de réadaptation. *Modèle de gestion*, septembre 2008, p. 9, [crlamyriade.qc.ca/documents/modelegestion.pdf] (document consulté le 4 avril 2010).

Le personnel a besoin de se sentir utile à l'organisation et d'avoir le sentiment d'influencer le cours des choses. Le dirigeant ou la dirigeante communique de façon homogène, c'est-à-dire en gardant la même vision lorsqu'il s'adresse aux employés et employées ou aux cadres. *Le Bloc-Notes* rapporte que «lorsque les employés sont consultés, les dirigeants multiplient par dix leurs chances de prendre de meilleures décisions[3]». Une nouvelle forme de pouvoir chez les dirigeants et dirigeantes doit nécessairement remplacer l'autorité traditionnelle.

3. Implantation

La direction doit énoncer les objectifs concernant l'implantation de cette forme de gestion, dès la première réunion, afin d'établir un premier contact et d'orienter le personnel. Voici ces principaux objectifs :

- encourager le personnel à utiliser ses capacités et son imagination pour enrichir ses tâches, et ce, de façon constante et continue ;
- nommer les travailleurs et travailleuses à des postes de direction ;
- réaliser des profits grâce aux améliorations réalisées par le personnel dans l'exercice de son travail et la poursuite de la qualité totale ;
- instaurer la confiance entre le personnel et les cadres en communiquant d'égal à égal ;
- constituer des groupes de travail ou des cercles de qualité afin d'améliorer les méthodes de travail, les produits et les services.

3.1 Démarche

Pour implanter la gestion participative, il faut procéder de façon progressive et reconnaître que la délégation n'exclut pas le devoir de rendre des comptes. Le tableau 1 démontre que la démarche d'implantation devrait se dérouler en quatre étapes.

---

3. «Seul ou avec d'autres : la gestion participative, un nouveau modèle de travail», *Le Bloc-Notes*, 23 octobre 1998, vol. 1, n° 13, [leblocnotes.ca/node/807] (page consultée le 4 avril 2010).

Tableau 1

LES ÉTAPES D'IMPLANTATION DE LA GESTION PARTICIPATIVE	
Préparation	Consiste à évaluer la direction et le personnel, puis à les consulter afin de les informer et de connaître leurs attentes quant à leur participation. Ensuite, il faut élaborer un plan et formuler un engagement formel de la direction à répondre aux attentes exprimées.
Lancement	Concerne la mise en place progressive du plan élaboré à l'étape précédente. On diffuse d'abord les règles du jeu afin que tous et toutes sachent où l'on va, comment et pourquoi on doit y aller et les résultats escomptés. On doit informer le personnel de la façon dont il sera considéré et de la façon dont il contribuera à l'effort collectif.
Ajustement	Consiste en une amélioration continue afin de satisfaire les attentes exprimées dans l'entreprise. Offre de la formation au personnel si nécessaire.
Évaluation	Consiste à rendre compte des changements et à évaluer le climat, le développement des personnes, la satisfaction de la clientèle, la productivité et l'enrichissement de l'entreprise. Les résultats doivent être communiqués à tout le personnel.

3.2 Pouvoir et responsabilités

Le partage du pouvoir et des responsabilités constitue l'un des outils essentiels en gestion participative. L'enrichissement de la tâche de l'ouvrier ou de l'ouvrière modifie les tâches aux échelons supérieurs. La direction transmet la vision de l'entreprise au personnel et explique ses décisions et ses attentes de façon claire et honnête. Lorsque nécessaire, elle met la main à la pâte. Cette façon de démontrer sa capacité de faire des choses ordinaires donne du poids à ses interventions. Diriger en s'expliquant, voilà une manière de ne pas être autoritaire et de faire comprendre le but visé. De nombreux employés et employées, soumis à des modes de gestion autoritaire dans lesquels leur travail était limité, ont perdu foi en leur capacité d'améliorer leurs façons de faire. Il faut donc créer un sentiment d'appartenance, harmoniser les rapports avec les employés et employées, participer à leurs activités, les écouter, répondre à leurs interrogations et garder une attitude positive et conciliante.

3.3 Rôle du dirigeant ou de la dirigeante

Au cours de discussions sur le nouveau rôle du dirigeant ou de la dirigeante, des travailleurs et travailleuses en vinrent à la conclusion qu'un chef efficace crée un climat dans lequel ils ont la sensation de travailler pour eux-mêmes. Dans le cadre des relations quotidiennes, ils définirent le rôle du superviseur de la façon suivante :

- fait découvrir les objectifs de l'entreprise ;
- alloue les budgets et fournit des installations ;
- fait fonction de médiateur dans les conflits ;
- se tient à l'écart pour laisser les employés et employées prendre en main leur travail.

Les entreprises recherchent davantage des cadres innovateurs. En conséquence, elles sont également prêtes à pardonner les erreurs. La force de la dirigeante ou du dirigeant ne se mesure plus à l'autoritarisme, mais à l'efficacité avec laquelle il fait passer ses idées et à sa capacité de faire croître son entourage. Les cadres réussiront plus facilement s'ils respectent et considèrent les autres. Le tableau 2 compare ce rôle, orienté vers l'autorité ou vers les objectifs, c'est-à-dire dans le sens d'une gestion participative[4]. Le rôle du cadre orienté vers les objectifs permet aux employés et employées non seulement d'exécuter leurs tâches mais aussi de planifier et de contrôler leur travail, en considérant les cadres comme des aides. La direction peut exiger beaucoup du personnel à condition que les attentes soient établies dès le départ et que les gens soient évalués périodiquement de façon objective.

Tableau 2

ORIENTÉ VERS L'AUTORITÉ	ORIENTÉ VERS LES OBJECTIFS
Fixe les objectifs pour les subordonnés, définit les normes et les résultats attendus.	Participe avec les employés à la résolution du problème et à la définition de l'objectif.
Leur donne les indications nécessaires pour faire leur travail.	Leur fournit les renseignements qu'ils demandent.
Leur enseigne comment faire le travail.	Leur facilite l'acquisition de connaissances optimales.
Explique la réglementation et applique la discipline nécessaire pour s'y conformer ; évite les conflits.	Explique la réglementation et les conséquences qu'entraînerait toute violation, agit en médiateur dans les conflits.
Stimule les subordonnés par ses qualités de persuasion.	Permet aux employés de fixer des objectifs stimulants.
Conçoit et instaure de nouvelles méthodes.	Enseigne des techniques d'amélioration des méthodes pour chaque tâche.
Les pousse et les autorise à demander une promotion.	Leur permet de rechercher et de saisir toutes les occasions d'avancement.
Récompense les réussites et punit les échecs.	Reconnaît les réussites et les aide à tirer profit de leurs échecs.

Le dirigeant ou la dirigeante doit s'adapter aux changements, encourager les innovations, tout en appliquant les premiers de façon à ne pas nuire aux secondes et être capable de contrôler et d'évaluer sa propre efficacité. Il doit s'imposer par sa compétence et non par son autorité, pour permettre à l'initiative et à la liberté de se manifester à la grandeur de l'entreprise.

---

4.   Marvin Scott MYERS. *Gestion participative et enrichissement des tâches*, Paris, Éditions Dalloz Gestion, 1978, p. 83.

3.4 Cercles de qualité

Afin de susciter la participation du personnel, certaines entreprises mettent sur pied des cercles de qualité qu'on appelle équipes multidisciplinaires, groupes d'excellence ou comités participatifs. Un cercle de qualité correspond à un groupe de 6 à 12 volontaires d'une même unité administrative, doté d'une formation technique et administrative relative au sujet. Il se réunit périodiquement pour déterminer, analyser et solutionner des problèmes liés à la qualité du travail, à la qualité de vie au travail, à la production et à la qualité du produit. La vie d'équipe constitue un moyen de créer une synergie dans la créativité, d'améliorer la communication, de combattre l'isolement des services et des personnes, de bien enraciner les objectifs de l'entreprise et de réduire le fossé entre les différents niveaux hiérarchiques. La direction doit soutenir l'action des cercles. «Les cercles de qualité (CQ) comptent parmi les pratiques de gestion participative qui se sont imposées avec le plus de force dans les milieux organisationnels de plusieurs pays industrialisés[5].» Une imprimerie de Louiseville a mis sur pied des comités participatifs dans chaque secteur pour décentraliser la gestion et pour établir des réseaux de communication du bas vers le haut de la hiérarchie.

> *Nous avions perdu de vue les besoins et les aspirations de notre personnel, explique Jean-Pierre Gagné. Le nombre d'employés de la production était passé de 68 à 115 entre 1984 et 1989. Nous n'étions pas préparés à gérer une telle croissance[6].*

Ces comités se réunissent à intervalles réguliers pendant les heures de travail afin d'étudier le fonctionnement des opérations et d'apporter les corrections jugées utiles.

> *Dorénavant, il n'est plus nécessaire de demander une autorisation à l'administration pour installer une étagère. Les équipes de travail peuvent prendre la liberté de remplacer une pièce ou de résoudre elles-mêmes un problème. Toutes les unités communiquent directement entre elles afin de réduire les délais[7].*

3.5 Récompenses

Tous ces efforts de changement sont bien sûr récompensés par la satisfaction liée à l'amélioration des tâches, du produit et des relations de travail. Il faut également que la direction reconnaisse ces améliorations et en rende compte aux travailleurs et travailleuses. Les meilleurs projets, la participation, ou d'autres améliorations accessibles à tous les paliers de l'organisation peuvent également être récompensés annuellement.

---

5.   Bruno FABI. «Les cercles de qualité : leçons de l'expérience internationale», *Gestion*, vol. 16, n° 1, printemps 1991, [revuegestion.ca/articles/view/id/680] (page consultée le 4 avril 2010).
6.   Jeanne MORAZAIN. «Gagné dans le siècle de la qualité», *Commerce*, 93ᵉ année, n° 9, septembre 1991, p. 82.
7.   *Loc. cit.*

4. Réactions du personnel

Les réactions des travailleurs et travailleuses sont en général très positives. Par exemple, dans le livre de M. Myers, une firme chargée d'implanter la gestion participative dans les entreprises a soumis un questionnaire au personnel. Les points suivants sont ressortis des 49 questions posées :

1. *Les gens ne sont pas opposés au changement ; ils s'opposent à être changés.*

2. *Toute tâche peut être améliorée.*

3. *Chaque employé est fondamentalement capable d'améliorer son emploi.*

4. *Les gens aiment améliorer leur travail et en tirent satisfaction.*

5. *Les gens aiment appartenir à des groupes.*

6. *Les meilleures améliorations sont apportées par ceux qui exécutent la tâche.*

7. *Les employés devraient être initiés aux principes de base d'amélioration des tâches par une action de formation.*

8. *Le rôle du chef est celui d'un conseiller, d'un expert, d'un coordinateur.*

9. *L'employé a un rôle de direction dans son domaine de responsabilités[8].*

On peut conclure que les gens sont ouverts au changement à condition d'être consultés. Tous et toutes se sentent en mesure d'améliorer leurs tâches et aimeraient le faire. Dans la majorité des cas, la personne qui accomplit une tâche y apportera les meilleures améliorations, bien qu'il faille quelquefois avoir des connaissances plus approfondies pour le faire. Ceci n'empêchera pas l'opérateur ou l'opératrice de travailler en collaboration avec un expert ou une experte ; d'ailleurs, le personnel sait qu'il a besoin d'une ou d'un chef pour le conseiller. Finalement, l'employée ou l'employé accepte d'être formé et responsabilisé.

Après l'implantation de ce nouveau mode de gestion, les travailleuses et travailleurs se situent mieux par rapport aux autres, comprennent ce qu'ils font et exécutent mieux leur travail. Le personnel est valorisé et heureux de contribuer au changement. Possédant plus d'information et plus de formation, le personnel aime réparer de petites pannes. Le temps d'arrêt d'une machine coûte très cher et nuit à la productivité ; il est donc avantageux que ces pannes soient réparées rapidement. Toutefois, le personnel doit être réfléchi, prudent, objectif, critique, prêt à l'imprévu et suffisamment confiant pour s'engager directement dans le processus de travail.

---

8. *Op. cit.*, p. 76.

5. Réactions des cadres

Étant donné l'aplatissement de la structure des organisations et les nombreuses compressions, ce sont les cadres qui souffrent le plus de l'implantation de la gestion participative. Il arrive même, lors de rationalisations efficaces, que 50 % des processus administratifs deviennent inutiles. Il n'est donc pas étonnant de constater chez les cadres de la résistance au changement et un manque de motivation. Ils et elles invoquent le manque de temps, la surcharge de travail et appréhendent les inconnues d'une nouvelle organisation des tâches. Cette résistance est souvent rattachée à un modèle plutôt autoritaire de supervision, remis en question par la gestion participative. Étant donné leur éducation, les dirigeants et dirigeantes ont souvent tendance à étouffer les initiatives de leurs subalternes, prétextant des connaissances insuffisantes. Les cadres doivent apprendre à travailler avec ces personnes, qu'elles leur soient supérieures ou inférieures dans la hiérarchie, et à encourager l'initiative. Ils et elles doivent apprendre à mettre à contribution la compétence de leur groupe et à favoriser la libre expression.

Les cadres doivent faire preuve de polyvalence, se former constamment et prévoir les besoins. Plusieurs trouvent difficile de suivre des cours, alors qu'on ne les décharge que d'une partie de leurs responsabilités. De plus, ces gestionnaires sont appelés à préparer des réunions efficaces. Ce n'est pas facile de perdre certains pouvoirs et de devoir suivre des règles bien précises. À l'imprimerie Gagné de Louiseville, environ 10 % des contremaîtresses et contremaîtres ne se sont pas adaptés à cette nouvelle gestion. Il a donc fallu les muter à d'autres postes.

6. Problèmes

L'implantation de la gestion participative présente des difficultés. On rencontre souvent de la résistance au changement. Cela peut être attribuable à l'insécurité du travailleur ou de la travailleuse, ou à l'augmentation de sa charge de travail. Il est donc important de rassurer le personnel sur la nature des changements par une communication franche et de lui offrir la formation et le soutien dont il a besoin. Quand vient le temps de mettre sur pied des cercles de qualité ou de faire des réunions, il est possible que la première rencontre prenne un mauvais départ. Les personnes de niveau plus élevé auront tendance à dominer le débat et celles de niveau inférieur hésiteront à prendre la parole. Même si elles ont de bonnes idées, elles éprouveront une certaine réticence à s'exprimer, n'étant pas habituées à participer de la sorte. Si on leur laisse la parole au début de la réunion, elles prendront conscience de leur mission et acquerront la confiance leur permettant de collaborer et de nouer des relations de travail normales. Aux États-Unis, l'implantation de cercles de qualité auprès d'une vingtaine de sociétés n'a pas eu le succès espéré. Les problèmes rencontrés ont résulté d'une implantation trop rapide. Les travailleuses et travailleurs étaient méfiants, étant donné l'absence de soutien de la part des cadres et la brièveté de leur formation.

7. Avantages

Bien que l'implantation de la gestion participative demande beaucoup d'efforts et de temps, ses avantages sont nombreux et pour certaines entreprises, cette forme de gestion représente la solution pour améliorer la qualité de leurs produits et parfois même éviter la faillite. L'application de la gestion participative à l'imprimerie Gagné de Louiseville a permis non seulement une augmentation de la production et une amélioration de la qualité, mais une amélioration des rapports entre les cadres et les travailleuses et travailleurs, et un accroissement de la motivation de ces derniers. Il semble que l'atmosphère et le travail d'équipe aient été bonifiés.

L'enrichissement des tâches permet l'accroissement de la production, l'amélioration de la qualité du travail, la diminution des griefs et de l'absentéisme, la réduction des retards et des allées et venues à l'infirmerie, aux salles de repos ou au bureau du personnel. Voici ce que M. Myers écrit à ce propos :

> L'application du concept du travail qui a un sens offre aux patrons des avantages immédiats suffisants pour qu'ils le soutiennent. Jugés périodiquement comme ils le sont [sic], en termes de critères de profit, de réduction du coût, de cash-flow, de part du marché, et de taux de rendement interne, l'enrichissement de la tâche apparaît comme un processus capable d'assurer la réussite. Mais il offre des perspectives à long terme beaucoup plus intéressantes, en particulier si les critères de réussite comportent des aspects de l'efficacité humaine, tels qu'une meilleure utilisation du talent de l'employé, le sens des responsabilités civiques et familiales, et la croissance continue et profitable de l'entreprise[9].

Dans une telle entreprise, chaque personne assume ses responsabilités ; elle ne se contente plus d'exécuter, elle devient partenaire. La gestion participative reconnaît les besoins d'autonomie, de responsabilité et d'initiative, de là une motivation à long terme, dans un climat de confiance où le travail est valorisé et où les compétences et les talents sont reconnus. La formation et le perfectionnement apportent aussi des avantages, comme une plus grande polyvalence de la main-d'œuvre et l'accès à de nouvelles technologies plus efficaces.

D'après une étude menée dans cinq établissements manufacturiers du Québec et dans une diversité de secteurs industriels, il existe une relation entre la gestion participative et la prévention des accidents[10] ; ce type de gestion donne de bons résultats. En fait, les cadres qui suivent cette approche ont diminué le taux de fréquence des accidents de 20 % à 100 %, alors que ceux et celles qui ont opté pour d'autres méthodes ont vu le nombre d'accidents augmenter de 9 % à 50 %.

---

9. *Op. cit.*, p. 85.
10. Marcel Simard et Alain Marchand. « L'adaptation des superviseurs à la gestion participative de la prévention des accidents », *Relations industrielles*, vol. 50, n° 3, 1995, p. 567-582.

8. Conclusion

La gestion participative se révèle un outil mobilisant toutes les énergies disponibles du personnel. La résistance au changement ne doit pas être considérée comme un signe d'incompréhension ou d'attachement à des façons traditionnelles de faire, mais elle doit être vue comme un indice de la volonté des travailleurs et travailleuses de négocier activement leur intégration dans le changement et de participer ainsi à l'élaboration de ce nouveau type de gestion.

Les réactions des travailleuses et travailleurs sont très positives, même si ces derniers doivent opter pour de nouvelles responsabilités. Cette forme de gestion permet d'établir un climat de confiance dans lequel ils se sentent gagnants, étant orientés vers un objectif commun. Les syndicats en général favorisent ce type de gestion.

Du côté des cadres, la situation est moins intéressante, se traduisant par une remise en question de leurs façons de faire, des mises à pied dans certaines entreprises ou l'assignation à de nouveaux postes.

L'implantation d'une nouvelle façon de gérer occasionne généralement des problèmes, mais avec la collaboration de la direction et du personnel, il est possible de les surmonter. Non seulement les avantages de la gestion participative sont nombreux, mais l'évolution des dernières décennies constituant la *société informationnelle* nous conduit de façon irréversible à la mise en place d'une façon de gérer reconnaissant les compétences de chaque membre du personnel.

Les entreprises doivent remettre en question les méthodes de gestion traditionnelles pour se tourner vers une administration permettant au personnel de participer à la prise de décision. Elles ne doivent pas attendre d'être dans l'obligation de modifier leur façon de diriger, car le moment venu, des changements trop rapides seront mal faits ou mal perçus. Elles ne doivent pas attendre non plus que la clientèle trouve chez la concurrence un meilleur produit ou service. La gestion participative est un grand pas vers une meilleure qualité de produits et de services.

9. Recommandations

Voici quelques recommandations pour l'implantation de la gestion participative :

- éliminez d'abord les conflits entre le personnel et la direction ;
- adhérez pleinement à tous les principes de la gestion participative ;
- choisissez un ou une responsable ayant les capacités nécessaires pour une telle implantation ;
- demandez l'aide de spécialistes si nécessaire ;
- optez pour la cohérence et la transparence ;
- suivez toutes les étapes et soyez prêts et prêtes à apporter des améliorations ;
- offrez de la formation et un soutien permanent ;
- reconnaissez les efforts et les résultats obtenus par le personnel afin de créer un sentiment de satisfaction et d'encourager le maintien du système.

———————————————————

Martine Bérubé

MÉDIAGRAPHIE

ALPIN, Roland. «Diriger sans s'excuser», *Gestion*, vol. 19, n° 2, mai 1994, p. 55-56.

CASTILLE, Juan José. «Design organisationnel, formation et participation des travailleurs dans une usine de moteurs en Espagne», *Revue internationale d'action communautaire*, n° 25, printemps 1991, p. 77-82.

DUBOIS, Pierre. «Une technique de gestion participative efficace», *Le banquier et revue IBM*, 10e année, n° 3, juin 1983, p. 36-41.

FABI, Bruno. «Les cercles de qualité : leçons de l'expérience internationale», *Gestion*, vol. 6, n° 1, printemps 1991, p. 50-58.

FROMENT, Dominique. «Le cadre supérieur idéal : un chef d'orchestre qui joue de tous les instruments», *Les Affaires*, vol. LXV, n° 5, 30 janvier au 5 février 1993, p. B-8.

LA MYRIADE, centre de réadaptation. *Modèle de gestion*, septembre 2008, 16 p., [crlamyriade. qc.ca/documents/modelegestion.pdf] (document consulté le 4 avril 2010).

LAPIERRE, Vallier. «Restructuration des entreprises : sept conseils aux cadres intermédiaires pour sauver leur peau», *Les Affaires*, vol. LXV, n° 5, 30 janvier au 5 février 1993, p. B-9.

LARUE, Michel. «La gestion participative selon Alain Lemaire», *Avenir*, vol. 5, novembre 1991, p. 16-17.

MALETTO, Michel, et Pierre-Olivier PINEAU. «Participation active de nos ressources humaines à l'amélioration de la qualité», *Forum qualité*, vol. 5, n° 5, septembre-octobre 1995, p. 4-6.

MALETTO, Michel, et Pierre-Olivier PINEAU. «Participation active de nos ressources humaines à l'amélioration de la qualité II», *Forum qualité*, vol. 6, n° 2, mars-avril 1996, p. 8-9.

MORAZAIN, Jeanne. «Gagné dans le siècle de la qualité», *Commerce*, 93e année, n° 9, septembre 1991, p. 81-88.

MYERS, Marvin Scott. *Gestion participative et enrichissement des tâches*, Paris, Éditions Dalloz Gestion, 1978, 160 p.

PEKRUHL, Ulrich. «La gestion participative en Suisse et en Europe», *La Vie économique*, avril 2007, p. 9-12.

PERRON, Gérard. *La gestion participative*, Montréal, Les Éditions Transcontinental, 1997, 208 p.

«Seul ou avec d'autres : la gestion participative, un nouveau modèle de travail», *Le Bloc-Notes*, 23 octobre 1998, vol. 1, n° 13, [leblocnotes.ca/node/807] (page consultée le 4 avril 2010).

SIMARD, Marcel, et Alain MARCHAND. «L'adaptation des superviseurs à la gestion participative de la prévention des accidents», *Relations industrielles*, vol. 50, n° 3, 1995, p. 567-582.

RÉDACTION DE RAPPORTS TECHNIQUES
412-DUL-03

LE VIRAGE À DROITE AU FEU ROUGE

TRAVAIL PRÉSENTÉ

À

Mme Nicole Vachon, enseignante

PAR

Jessie April, étudiante en Techniques
de la logistique du transport

Cégep de Lévis-Lauzon
24 mai 2011

LE VIRAGE À DROITE
AU FEU ROUGE

1.   Introduction

Les modes de transport ont beaucoup évolué par rapport à ce que nos parents ont pu connaître. Le parc automobile augmente à un rythme effréné, exposant la population urbaine à un défi quotidien : la congestion routière. Pour remédier à ce problème, les municipalités établissent des corridors réservés aux autobus et aux taxis, prônent l'autopartage et modifient les règles de conduite.

Dans ce rapport, nous vous informons sur le virage à droite au feu rouge. Après avoir rappelé les circonstances de l'entrée en vigueur de la manœuvre, nous nous intéressons aux raisons pour lesquelles une telle modification de la circulation était souhaitée. Une vérification du nombre d'accidents impliquant des piétons précède l'étude de l'impact sur l'environnement et l'économie. Ensuite, il est question des oppositions au virage à droite. Nous examinons de près les critères déterminant à quelles intersections le ministère des Transports autorise la manœuvre. Finalement, nous dénombrons les infractions liées au virage à droite au feu rouge.

2.   Entrée en vigueur

Le 1er décembre 1999, le livre vert intitulé *La sécurité routière au Québec* a été rendu public par le ministère des Transports et portait, entre autres, sur le virage à droite au feu rouge. Des projets pilotes ont été annoncés du 15 janvier 2001 au 15 janvier 2002. Ces projets faisaient l'objet d'une évaluation dont les principaux critères étaient le temps d'attente et de déplacement, l'analyse des accidents, l'étude de comportement et les réponses à des sondages. Une évaluation complémentaire, en septembre 2002, concluait que les avantages du virage à droite étaient peu nombreux. Malgré cela, cette évaluation mentionnait que, même si la manœuvre comportait des risques, son acceptation n'aurait pas nécessairement d'effets négatifs graves sur la sécurité routière. Le 11 septembre 2002, ce rapport a été remis au Conseil des ministres. En vue d'une mise en place sécuritaire du virage à droite, le Conseil a demandé qu'un plan d'action soit élaboré. C'est à l'occasion du dépôt de ce plan d'action, le 7 novembre 2002, qu'on a annoncé la date d'entrée en vigueur du virage à droite au feu rouge. C'est donc depuis le 13 avril 2003 que la manœuvre est généralement permise au Québec — dernière province canadienne à autoriser ce virage —, sauf sur l'île de Montréal, ce qui est toujours le cas en 2011.

3.   Raisons invoquées

Si, aujourd'hui, il est possible d'effectuer la manœuvre du virage à droite au feu rouge, c'est en grande partie grâce aux États américains. En 1975, le Congrès américain établissait une législation ordonnant à ces mêmes États d'autoriser la manœuvre (à l'exception de la ville de New York). Cette démarche, faisant suite à la crise du pétrole de 1973, visait principalement l'économie de carburant en réduisant le temps d'attente au feu rouge. Évidemment, une économie de carburant signifie aussi une économie d'argent sur une longue période pour les usagers et usagères de la route. Le virage à droite devait aussi diminuer les embouteillages aux feux de circulation.

4.   Accidents

Le virage à droite est moins dangereux que prévu ! En effet, le ministère des Transports avait prédit que le changement de réglementation entraînerait environ 500 accidents. Dans les faits, le virage à droite au feu rouge a été à l'origine de 270 accidents déclarés au Québec en 2003-2004. Aucun accident signalé n'a entraîné de décès. Parmi les blessés, on note une proportion importante de cyclistes, soit 31 %. La majorité des accidents impliquaient des voitures, mais les véhicules lourds ont été mêlés à 36 % des collisions. Une différence évidente sépare les prévisions de la réalité. En 2003, le ministre des Transports du Québec, M. Yvon Marcoux, a estimé qu'il s'agissait d'un bilan positif.

Le premier décès causé par le virage à droite au feu rouge a eu lieu en 2006, le nombre de blessés graves ayant alors atteint un maximum de 8. En 2008, trois morts viennent alourdir ce bilan. Un article paru dans *La Presse* du 18 août 2010[1] présente ce tableau :

Tableau 1

NOMBRE D'ACCIDENTS DUS AUX VIRAGES À DROITE AU FEU ROUGE				
ANNÉE	DÉCÈS	BLESSÉS GRAVES	BLESSÉS LÉGERS	TOTAL DES INCIDENTS
2003	0	6	52	58
2004	0	2	82	84
2005	0	2	89	91
2006	1	8	102	111
2007	0	4	94	98
2008	3	1	98	102
2009	1	7	105	113
Total	5	30	622	657

Il est très important de signaler que les cinq personnes décédées et la plupart des personnes blessées gravement n'étaient pas des automobilistes. Il faut également reconnaître que le nombre d'incidents progresse avec les années, même si cette augmentation se fait lentement.

---

1. Bruno BISSON. « Le bilan du virage à droite au feu rouge : depuis 2003, 5 personnes sont mortes et 30 ont été gravement blessées », *La Presse*, 18 août 2010, p. A5.

Cependant, la proportion d'accidents mortels ou avec blessures impliquant un piéton est de 20 % pour le Canada, et varie de 4 % à 11 % pour la province de Québec. Les statistiques disponibles au sujet du Canada et des États-Unis dressent un portrait très similaire. L'analyse des données relève les points énoncés ci-dessous :

→ de 5 % à 20 % des collisions aux carrefours à feux impliquent un piéton, le pourcentage augmentant avec l'activité piétonnière à l'intersection ;

→ de ce nombre, de 5 % à 15 % des collisions avec piétons impliquent un virage à droite au feu rouge ;

→ les accidents de ce type engendrent rarement des blessures mortelles (< 0,5 %).

Il est important de souligner que le nombre d'accidents survenus tant au Canada qu'aux États-Unis dépend de *plusieurs* facteurs, par exemple, du nombre de véhicules en circulation dans la région géographique ainsi que des différents types de contrôle (arrêts, feux, etc.). Avec le temps, plusieurs municipalités ont autorisé ces virages à droite, alors qu'elles hésitaient à le faire au début. Par exemple, en 2006, les automobilistes pouvaient effectuer la manœuvre en tout temps à 60 % des intersections de la ville de Québec, alors que ce pourcentage atteignait seulement 31 % en avril 2003. À l'époque de l'implantation du virage à droite au feu rouge, une importante campagne d'information destinée à l'ensemble des usagers et usagères de la route a eu pour but de leur faire adopter un nouveau comportement, insistant sur l'obligation qu'ils avaient envers les piétons et piétonnes. Divers outils d'information et de sensibilisation ont été conçus sous le thème « Je pense piétons ».

Figure 1

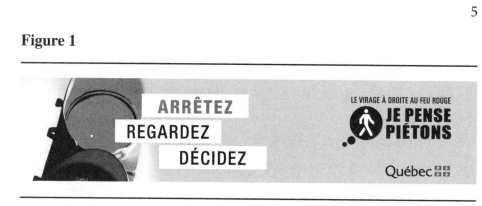

Source : saaq.gouv.qc.ca/prevention.

Il ne faut pas oublier que le virage à droite au feu rouge (VDFR) n'est pas obligatoire ; une personne peut donc décider de ne pas tourner, et vous ne devez pas l'obliger à le faire.

5. Impact

Bien entendu, l'entrée en vigueur du virage à droite visait à améliorer la circulation et à économiser du temps et de l'argent. En ce qui a trait à l'économie de temps, on ne peut que s'interroger en lisant les conclusions d'un rapport préparé pour le ministère des Transports par le Centre de développement technologique de l'École polytechnique de Montréal : « Dans une journée, la possibilité de faire un VDFR est minime et c'est pour cette raison que les économies de temps sont quotidiennement très faibles[2]. » Un peu plus loin, dans ce même rapport : « La fréquence et l'économie de temps du VDFR sont moindres en milieu urbain, étant donné la densité de la population véhiculaire et piétonne[3]. » Pour ce qui est de l'économie d'essence, on peut se demander si le virage à droite permet vraiment de réduire la pollution :

> *Ainsi, si 15 secondes étaient sauvées par jour pour les 4 073 534 véhicules automobiles routiers immatriculés au Québec, 8,51 millions de litres seraient économisés par année, donc environ 2 litres par an pour chaque véhicule.*

---

2. CENTRE DE DÉVELOPPEMENT TECHNOLOGIQUE. *Le virage à droite au feu rouge au Québec*, Montréal, École polytechnique, septembre 2002, p. 8, [collections.banq.qc.ca/ark :/52327/bs43815] (document consulté le 16 avril 2011).
3. *Ibid.*, p. 10.

*Même si ce chiffre semble très impressionnant, il ne repré-
sente qu'environ 0,11 % de la consommation totale de carburant de 7,55 milliards de litres*[4].

6.   Oppositions

Il est évident que la population n'est pas en accord à 100 % avec la
pratique de la nouvelle manœuvre. Les opposants et opposantes sont principalement les piétons et piétonnes et les personnes atteintes d'un handicap
physique, auditif ou visuel. Parmi ces personnes mécontentes, nous trou-
vons aussi les cyclistes. Les piétons et piétonnes en faveur de l'annulation
du virage à droite optent simplement pour leur sécurité avant tout. Ces
derniers n'ont pas peur pour rien, car le taux de désobéissance est extrêmement élevé, spécialement dans les grandes villes :

> *De plus, pour l'agglomération de Montréal, où la problé-
> matique des victimes chez les piétons se vit avec plus
> d'acuité qu'ailleurs, cette proportion se chiffre à 46,2 %*[5].

L'indiscipline n'est pas seulement liée au virage à droite au feu
rouge, mais bien à la plupart des autres règles du Code de la sécurité routière. Ils ont donc de bonnes raisons de s'inquiéter. Pour assurer la sécurité, parallèlement à la mise en œuvre du virage à droite au feu rouge, le
ministère des Transports a normalisé les feux pour piétons à décompte
numérique ainsi que les signaux sonores pour les personnes handicapées
visuelles. N'oublions pas que les piétons et piétonnes, de même que les
cyclistes, ont aussi des obligations.

---

4.   *Ibid.*, p. 11.
5.   TABLE QUÉBÉCOISE DE LA SÉCURITÉ ROUTIÈRE. *Deuxième rapport de recommandations :
        pour poursuivre l'amélioration du bilan routier*, novembre 2009, p. 21, [www.securite-
        routiere.qc.ca/Pages/Publications.aspx] (page consultée le 12 avril 2011).

7.   Critères

De toute évidence, plusieurs critères sont évalués afin de déterminer où il est possible ou non d'effectuer un virage à droite au feu rouge. Dans les villes et provinces, les critères pour interdire un virage à droite au feu rouge à une ou plusieurs approches d'un carrefour sont :

→   le nombre élevé de piétons et piétonnes traversant l'intersection ;

→   le fait que les distances de visibilité sont trop courtes ;

→   la proximité d'un passage à niveau ;

→   le degré de l'angle auquel se croisent les deux routes.

La manœuvre est généralement permise, sauf lorsqu'une interdiction est affichée à l'intersection. L'interdiction d'effectuer le virage est indiquée par un panneau de signalisation s'harmonisant avec la signalisation canadienne. À certaines intersections, l'interdiction est de durée limitée. Dans ce cas, un panonceau doit être fixé au-dessous du panneau afin d'indiquer la période d'interdiction.

Figure 2

Source : www.mtq.gouv.qc.ca.

Nous pouvons donc constater que les intersections où il est possible d'effectuer la manœuvre ont été étudiées pour assurer la sécurité de la population. Ce sont les municipalités qui gèrent principalement (85 %) les intersections avec feux de signalisation, et le reste relève du ministère des Transports.

8.   Infractions

Afin d'assurer la sécurité et le respect des règles entourant la manœuvre, des opérations policières ont été réalisées auprès des conducteurs et conductrices. Toute personne qui effectue la manœuvre à une intersection munie d'un panneau l'interdisant peut, par conséquent, recevoir un constat d'infraction en vertu de l'article 359.1 du Code de la sécurité routière ou du règlement issu de l'article 359.2 de ce code. Pour que la manœuvre se conforme à la loi, le conducteur ou la conductrice doit immobiliser son véhicule et céder le passage. Selon l'article 509, l'automobiliste qui commet cette infraction encourt une amende de 138 $ en 2011[6] et l'inscription de trois points d'inaptitude à son dossier de conducteur ; les cyclistes risquent une amende de 27 $ et la perte de trois points d'inaptitude s'ils sont détenteurs d'un permis de conduire.

9.   Conclusion

Finalement, nous pouvons voir que le virage à droite au feu rouge est de moitié moins dangereux que prévu. En effet, 270 accidents sur une prévision de 500 ont eu lieu la première année, ces accidents impliquant des véhicules lourds dans plus du tiers des cas, ce qui représente une donnée très importante dont il faut tenir compte. Autre point capital à considérer, un tiers des blessés étaient des cyclistes. Il serait donc important de faire des recherches sur ce point particulier. Cependant, on ne peut tabler sur les économies de temps et d'énergie pour appuyer cette manœuvre. Il faut se demander si les décès, blessures et accidents rattachés au virage à droite au feu rouge justifient son autorisation. En fin de compte, Montréal a peut-être raison de ne pas y adhérer.

Jessie April

---

6.   MINISTÈRE DES TRANSPORTS. *Amendes et points d'inaptitude*, Québec, 2007, [www.mtq. gouv.qc.ca] (page consultée le 16 avril 2011).

MÉDIAGRAPHIE

BISSON, Bruno. « Le bilan du virage à droite au feu rouge : depuis 2003, 5 personnes sont mortes et 30 ont été gravement blessées », *La Presse*, 18 août 2010, p. A5.

CENTRE DE DÉVELOPPEMENT TECHNOLOGIQUE. *Le virage à droite au feu rouge au Québec*, Montréal, École polytechnique, septembre 2002, 54 p.

MINISTÈRE DES TRANSPORTS. *Amendes et points d'inaptitude*, Québec, 2007, [www.mtq.gouv.qc.ca] (page consultée le 16 avril 2011).

SOCIÉTÉ DE L'ASSURANCE AUTOMOBILE DU QUÉBEC. *Virage à droite au feu rouge*, Québec, [saaq.gouv.qc.ca/prevention/virage_droite] (page consultée le 3 avril 2011).

TABLE QUÉBÉCOISE DE LA SÉCURITÉ ROUTIÈRE. *Deuxième rapport de recommandations : pour poursuivre l'amélioration du bilan routier*, novembre 2009, 55 p., [www.securite-routiere.qc.ca/Pages/Publications.aspx] (page consultée le 12 avril 2011).

Le virage à droite au feu rouge

1. Produisez la table des matières qui correspond à ce rapport.

    _____

    _____

    _____

    _____

    _____

    _____

    _____

    _____

2. Si vous aviez à transformer ce rapport analytique en rapport de recommandation, quelles modifications devriez-vous apporter à l'introduction ?

    a) _____

    b) _____

3. Proposez trois recommandations qui pourraient faire suite à la conclusion de ce rapport.

    a) _____

    b) _____

    c) _____

4. Une partie de texte n'a pas sa place dans ce rapport. Elle s'écarte du sujet en plus de répéter une information. Pouvez-vous la repérer ?

    _____

    _____

    _____

LA MALTRAITANCE ENVERS LES ENFANTS

Travail présenté à Mme Nicole Vachon, enseignante

Dans le cadre du cours
Rédaction et résumé de textes relatifs à la profession
412-763-RL

Par Nancy Bourget, étudiante

Cégep de Lévis-Lauzon
1er février 2011

TABLE DES MATIÈRES

LA MALTRAITANCE ENVERS LES ENFANTS

1. Introduction

sujet amené Bien qu'un siècle se soit écoulé depuis le drame de Fortierville, la terrible histoire d'Aurore Gagnon, portée à l'écran une première fois en 1952 et une seconde en 2005, nous bouleverse encore.

sujet posé Le but de ce rapport est d'informer les gens sur la maltraitance envers les enfants. Il sera d'abord question de ce qu'on entend par la maltraitance avant de décrire les facteurs de risque. Nous verrons ensuite les différents types de mauvais traitements afin de percevoir les symptômes révélateurs de chacun. *sujet divisé* Puis viendra une description de l'impact que la maltraitance peut avoir sur les enfants. Ensuite, nous parlerons de la conduite à adopter envers l'enfant maltraité, nous aborderons le secret professionnel et nous terminerons avec le signalement. Finalement, nous proposerons des façons de faire afin de changer cette forme de comportement envers les enfants.

2. Définition

Un enfant en danger peut non seulement être un enfant maltraité mais également un enfant à risque. L'enfant maltraité est victime de violence physique, sexuelle ou psychologique, pouvant entraîner des conséquences sur son développement. L'enfant à risque connaît plutôt des conditions de vie difficiles qui peuvent, à court ou à moyen terme, nuire à sa santé, à sa sécurité et à son équilibre ; cet enfant n'est pas pour autant maltraité. Les définitions retenues par l'Observatoire national de l'action sociale décentralisée sont les suivantes :

> L'enfant maltraité est celui qui est victime de violences physiques, d'abus sexuels, de cruauté mentale, de négligences lourdes ayant des conséquences sur son développement physique et psychologique. [...] L'enfant en risque est celui qui connaît des conditions d'existence qui risquent de mettre en danger sa santé, sa sécurité, sa moralité, son éducation ou son entretien, mais qui n'est pas pour autant maltraité[1].

---

1. Marie-Claude Hofner, Yves Ammann et Dorothée Bregnard. *Recherche sur la maltraitance envers les enfants dans le canton de Vaud*, Lausanne, Hospices cantonaux – DUMSC, 2001, p. 45, [iumsp.ch/Publications/pdf/RdS60_fr.pdf] (document consulté le 11 avril 2011).

En 2003, le nombre d'enfants à risque en France était estimé à 89 000 par l'Observatoire national de l'action sociale décentralisée, qui qualifiait ce phénomène de crise sociétale.

En effet, on constate cette année une augmentation sensible du nombre de signalements d'enfants en danger, mais ce sont les situations de risque qui progressent, et non la maltraitance[2].

3.   Facteurs de risque

Plusieurs facteurs de risque sont à prendre en considération. Il faut toutefois faire preuve de prudence puisque la présence d'un ou de plusieurs facteurs dans la vie de l'enfant n'indique pas nécessairement qu'il y a de la maltraitance.

3.1   Facteurs sociaux

On dénombre beaucoup plus d'enfants victimes de maltraitance dans les milieux défavorisés. Les faibles ressources financières pour subvenir aux besoins de la famille peuvent conduire à la violence, tout comme la précarité de l'emploi ou le chômage. Les adultes vivant dans la pauvreté éprouvent un stress particulièrement élevé et connaissent l'instabilité sociale. Cependant, les familles aisées ne sont pas épargnées et peuvent cacher des formes de violence autres que physiques. L'endettement, le divorce, l'abus de substances telles que l'alcool et les drogues, sont autant de facteurs liés à l'éclosion de la violence, laquelle peut se répercuter sur les enfants.

---

2.   OBSERVATOIRE NATIONAL DE L'ACTION SOCIALE DÉCENTRALISÉE. «Évolution des signalements des enfants en danger en 2003», *La lettre de l'Odas*, décembre 2004, p. 1, [odas. net/IMG/pdf/200412_lettreEnfance_Dec04.pdf] (document consulté le 11 avril 2011).

2

3.2 Facteurs parentaux

Parmi les facteurs parentaux, on a remarqué qu'il y a davantage de maltraitance dans le cas des jeunes parents, surtout lorsque les grossesses ne sont pas planifiées. En font également partie les familles monoparentales. On mentionne finalement l'isolement social ainsi que le faible niveau de scolarisation. Encore une fois, ce ne sont là que des facteurs de risque, qui n'entraînent pas nécessairement des situations de maltraitance. On parlera de négligence uniquement si le parent ne fait pas les efforts nécessaires pour profiter des ressources communautaires à sa disposition.

4. Types de maltraitance

Il existe quatre types de maltraitance, soit la maltraitance physique, la maltraitance psychologique, la négligence et les abus sexuels.

4.1 Maltraitance physique

La violence physique peut prendre différentes formes. Mais, dans tous les cas, elle utilise la force contre une partie du corps de l'enfant. Dans la majorité des cas, la violence se produit dans un cadre punitif. Il s'agit alors de punitions exagérées. On estime à 69% la violence punitive, alors que les autres types de violence grave représentent 31% des cas. Parmi les sévices les plus fréquents, on trouve notamment :

> Battre l'enfant, le secouer, le faire suffoquer, le mordre, le maintenir sous l'eau, lui donner des coups de pied ou des coups de poing, le brûler ou utiliser la force ou la contrainte au point de lui causer du tort ou de le mettre en danger[3].

Le syndrome du bébé secoué en fait également partie.

---

3. Marie-Christine Tremblay. «Maltraiter un enfant, ce n'est pas que le frapper», *Coup de pouce*, 30 août 2005, [coupdepouce.com/vie-de-famille/enfant/maltraiter-un-enfant-ce-n-est-pas-que-le-frapper/a/18176] (page consultée le 3 mars 2011).

3

4.2 Maltraitance psychologique

Parmi les types de mauvais traitements, la violence psychologique est la plus difficile à détecter étant donné que l'enfant ne présente pas de séquelles physiques et que les effets négatifs s'y rattachant ne se manifestent que plus tard durant son développement. La violence psychologique comprend, entre autres, les menaces verbales, les propos dévalorisants et l'intimidation. L'enfant fait face à des exigences déraisonnables de la part de ses parents. Il est maintenu dans l'isolement ou souffre d'un rejet affectif systématique.

4.3 Négligence

Ce type de maltraitance est celui qui fait le plus souvent l'objet d'enquêtes par les services sociaux. Il y a négligence lorsqu'un enfant n'obtient pas les soins nécessaires à son développement physique, psychologique et affectif, par exemple, s'il vit dans des conditions insalubres, s'il est exposé à des blessures par un manque de supervision ou de protection, s'il n'obtient pas les soins médicaux ou mentaux dont il aurait besoin, s'il ne fréquente pas l'école, etc.

4.4 Abus sexuels

Les abus sexuels comprennent tous les types de comportements à caractère sexuel impliquant un enfant, que ce soit le harcèlement sexuel, la pornographie, les attouchements, les caresses des organes génitaux, l'exhibitionnisme, etc. Il arrive parfois que les enfants soient exposés à plusieurs formes d'abus sexuels à la fois.

4

5.   Symptômes révélateurs

Plusieurs symptômes permettent de détecter la maltraitance subie par des enfants. On classe ces facteurs en deux catégories, soit les signes physiques et les troubles psychologiques.

Signes physiques

- Ecchymoses ;
- brûlures inexpliquées ;
- plaies ;
- fractures ;
- alopécie (chute des cheveux) ;
- lésions non traumatiques (par exemple, une petite taille pouvant indiquer la dénutrition).

Troubles psychologiques

- Troubles du développement psychomoteur : difficultés du langage, retard psychomoteur ;
- troubles du comportement : syndrome dépressif, syndrome régressif, anxiété, agressivité, hyperactivité ;
- troubles somatiques : troubles du sommeil, énurésie, mal de ventre, anorexie, boulimie ;
- signes évocateurs d'abus sexuels : phobie du contact physique, provocation érotique, difficulté de mémorisation, identification à l'agresseur dans les jeux (poupées), soumission à l'autorité de l'adulte.

6.   Impact sur l'enfant

Il est important de démystifier la maltraitance puisqu'elle a un impact non seulement sur le présent mais également sur le futur de l'enfant. Celui-ci est plus à risque d'avoir des problèmes d'alcoolisme ou de toxicomanie, des troubles cognitifs, des retards de développement, des comportements violents, délinquants et téméraires, des troubles de l'alimentation et du sommeil, de mauvais résultats scolaires, des difficultés dans ses relations interpersonnelles, des problèmes de santé, de dépression, de stress et d'anxiété ainsi que des comportements suicidaires et d'automutilation.

5

7. Conduite à adopter

Lorsqu'un enfant affirme être victime de maltraitance, il est important de prendre le temps de l'écouter. Que dire à l'enfant?

Je te crois.

Je t'écoute.

Je vais t'aider.

Je comprends ton inquiétude.

Tu n'es pas responsable.

Ce que tu dis est important.

Il ne faut pas douter de ce que l'enfant nous confie. De plus, il ne faut pas le juger et surtout, ne pas lui mettre de mots dans la bouche. Il faut lui demander de raconter ce qui se passe ou ce qui s'est passé, plutôt que de poser des questions. Si cette cause se rend devant les tribunaux, elle sera rejetée si l'adulte a fait des suggestions à l'enfant.

8. Secret professionnel

En tant que citoyennes et citoyens, sommes-nous soumis au secret professionnel? Il peut être difficile de répondre à un enfant qui vous fait une confidence en vous demandant de ne rien dire à qui que ce soit; c'est pourquoi il vaut mieux ne pas promettre que vous garderez le secret. Par ailleurs, nous devons garder à l'esprit que le secret ne signifie pas *se taire* complètement sur les confidences d'un enfant. Il s'agit plutôt de parler de nos observations et des confidences qu'on a reçues à des personnes qui peuvent l'aider, dans des lieux appropriés et à des moments propices, de façon que ces propos ne parviennent pas aux oreilles de personnes non concernées.

> *L'obligation de signaler s'applique même aux personnes **liées par le secret professionnel**, sauf à l'avocat qui, dans l'exercice de sa profession, reçoit des renseignements concernant une situation pouvant compromettre la sécurité ou le développement d'un enfant* [4].

4. Ministère de la Santé et des Services sociaux. *Faire un signalement au DPJ, c'est déjà protéger un enfant*, Québec, 2008, p. 20, [publications.msss.gouv.qc.ca/acrobat/f/documentation/2008/08-838-01F.pdf] (document consulté le 11 avril 2011).

6

9.   Signalement

Il n'est pas nécessaire d'accumuler beaucoup de preuves de maltraitance avant d'effectuer un signalement. En général, lorsqu'on a trois raisons de croire à de la maltraitance, que ce soit par l'apparition soudaine de blessures, par un changement radical dans le comportement de l'enfant ou encore par une régression soudaine, il y a lieu de le signaler à la Direction de la protection de la jeunesse. Par contre, il ne faut pas attendre trois signes si un seul est assez sérieux pour qu'on doive le signaler immédiatement, comme quand un enfant affirme lui-même être maltraité. Il ne faut pas trop attendre pour effectuer un signalement puisque, même si l'on n'a pas beaucoup de preuves, d'autres personnes peuvent avoir déjà déposé des plaintes à la Direction de la protection de la jeunesse et la nôtre permettra de faire avancer les choses. Lorsqu'on soupçonne qu'il y a maltraitance, on se doit de faire un signalement.

> *Il est important de souligner que tout adulte a l'obligation D'APPORTER L'AIDE NÉCESSAIRE À UN ENFANT qui désire signaler sa situation ou celle de ses frères et sœurs ou d'un autre enfant qu'il connaît (art. 42 LPJ)[5].*

L'article 30 de la Loi sur la protection de la jeunesse oblige certaines personnes travaillant auprès des enfants à signaler des situations pouvant compromettre la sécurité ou le développement des enfants, que ce soit en travail social, en éducation ou en service de garde. Certaines lois du code pénal imposent des sanctions, voire des peines sévères (amende ou emprisonnement), à des témoins de violence lors d'une non-dénonciation. Il est donc capital pour quiconque ayant des doutes de signaler les situations problématiques.

---

5.   *Loc. cit.*

10. Conclusion

Nous avons vu différentes facettes de la maltraitance des enfants et constaté son ampleur. Elle est même en augmentation, du côté des enfants à risque. Malheureusement, c'est un sujet encore tabou, et plusieurs témoins ferment les yeux sur ce phénomène. Nous retenons particulièrement l'importance de signaler tout abus chez les enfants, ceci étant un devoir de société et une obligation pour les professionnels qui travaillent avec les enfants, puisqu'un non-signalement est passible de sanctions. Par contre, il faut garder à l'esprit que la maltraitance se manifeste également chez les individus les plus vulnérables de la société, notamment les personnes âgées. Il reste à espérer que la maltraitance ne suscitera pas qu'une colère temporaire sans apporter aucune aide aux victimes, mais une volonté de dénoncer les abus de plus en plus promptement.

11. Recommandations

Voici quelques actions à entreprendre contre la maltraitance envers les enfants :

- apprendre à l'enfant que son corps lui appartient ;
- informer l'enfant sur l'existence des abus sexuels et les autres formes de maltraitance ;
- lire des histoires et des contes thérapeutiques sur la maltraitance, par exemple *Le secret du petit cheval,* publié et offert gratuitement par le gouvernement fédéral ;
- créer un poste (par exemple, au CLSC) afin d'aider les gens dans leurs démarches de signalement ;
- sensibiliser les personnes travaillant auprès des enfants par différents ateliers sur la maltraitance.

Nancy Bourget

8

MÉDIAGRAPHIE

CENTRE D'EXCELLENCE POUR LE DÉVELOPPEMENT DES JEUNES ENFANTS. «Prévention de la maltraitance envers les enfants», Montréal, 2003, 29 p., [excellence-jeunesenfants.ca/documents/MacMillan_Coll09-03FR.pdf] (document consulté le 16 janvier 2011).

CHAMPAGNA, Jean-Charles. «Les enfants face à la maltraitance», *Les droits de l'enfant,* [droitsenfant.com/maltraitance.htm] (page consultée le 18 janvier 2011).

CHOUINARD, Marie-Andrée. «Enfant négligé cherche famille aimante», *Le Devoir*, 13 mai 2005, p. A-4.

CLOUTIER, Hélène. «L'intervention des clientèles à risque», *Apprentissage et socialisation*, vol. 14, n° 4, décembre 1991, p. 303-304.

DAGENAIS, Christian, Camil BOUCHARD et Julie TURNER. «L'intervention en situation de crise en protection de la jeunesse : crise familiale ou crise organisationnelle?», *Service social*, vol. 47, n°s 3-4, 1998-1999, p. 41-76.

HOFNER, Marie-Claude, Yves AMMANN et Dorothée BREGNARD. *Recherche sur la maltraitance envers les enfants dans le canton de Vaud*, Lausanne, Hospices cantonaux – DUMSC, 2001, 45 p., [iumsp.ch/Publications/pdf/RdS60_fr.pd] (document consulté le 11 avril 2011).

LECLERC, Marc-Yves. «Aurore, Arcand et les centres jeunesse», *Le Devoir*, 14 octobre 2005, p. A-9.

MAGNY, André. «Plus entêté que le destin», *Le Droit*, 11 juillet 2005, p. 27.

MARCHAND, Danielle. «Des familles en déroute», *Le Devoir*, 27 octobre 2005, p. A-7.

MASSÉ, Raymonde, et Marie-France BASTIEN. «La pauvreté génère-t-elle la maltraitance? Espace de pauvreté et misère sociale chez deux échantillons de mères défavorisées», *Revue québécoise de psychologie*, vol. 17, n° 1, 1996, p. 3-24.

MINISTÈRE DE LA SANTÉ ET DES SERVICES SOCIAUX. *Faire un signalement au DPJ, c'est déjà protéger un enfant*, Québec, 2008, 26 p., [publications.msss.gouv.qc.ca/acrobat/f/documentation/2008/08-838-01F.pdf] (document consulté le 11 avril 2011).

OBSERVATOIRE NATIONAL DE L'ACTION SOCIALE DÉCENTRALISÉE. «Évolution des signalements des enfants en danger en 2003», *La lettre de l'Odas*, décembre 2004, p. 1, [odas.net/IMG/pdf/200412_lettreEnfance_Dec04.pdf] (document consulté le 11 avril 2011).

ORGANISATION MONDIALE DE LA SANTÉ. *Maltraitance des enfants et manque de soins*, 2 p., [who.int/violence_injury_prevention/violence/world_report/factsheets/en/childabuse_fr.pdf] (document consulté le 12 février 2011).

TREMBLAY, Marie-Christine. «Maltraiter un enfant, ce n'est pas que le frapper», *Coup de pouce*, 30 août 2005, [coupdepouce.com/vie-de-famille/enfant/maltraiter-un-enfant-ce-n-est-pas-que-le-frapper/a/18176] (page consultée le 3 mars 2011).

TROCMÉ, Nico et autres. *Étude canadienne sur l'incidence des signalements de cas de violence et de négligence envers les enfants – 2003*, 148 p., [phac-aspc.gc.ca/cm-vee/csca-ecve/index-fra.php#2] (document consulté le 6 mai 2011).

La maltraitance envers les enfants

1. Relevez un problème dans l'introduction, relativement au temps des verbes.

   _____

2. La table des matières comprend des subdivisions aux points 3 et 4. La présentation des parties ne tient pas compte de ces subdivisions. Cette façon de faire répond-elle aux normes de rédaction de l'introduction ? Justifiez votre réponse.

   _____
   _____
   _____

3. Reprenez la présentation des parties en incluant ces subdivisions.

   _____
   _____
   _____
   _____
   _____
   _____

4. Ce rapport présente des recommandations. Corrigez le but du rapport en tenant compte du fait qu'il ne s'agit pas seulement d'informer le lecteur mais bien de chercher à modifier un comportement. Ne conservez qu'un verbe à l'infinitif pour déterminer le but du rapport.

   _____
   _____
   _____
   _____
   _____
   _____

5. Diriez-vous que les deux phrases suivantes ont leur place dans la conclusion ? Justifiez votre réponse.

Malheureusement, c'est un sujet encore tabou, et plusieurs témoins ferment les yeux sur ce phénomène.

_____

_____

_____

Par contre, il faut garder à l'esprit que la maltraitance se manifeste également chez les individus les plus vulnérables de la société, notamment les personnes âgées.

_____

_____

_____

6. Les subdivisions du point 4, Types de maltraitance, sont-elles présentées dans le bon ordre ?

_____

_____

7. La première référence en bas de page est-elle erronée relativement aux auteurs (ordre alphabétique) ?

_____

_____

8. Pourriez-vous proposer une recommandation additionnelle, étant donné qu'une catégorie de personnes a été oubliée ?

_____

_____

_____

_____

_____

9. Lisez la phrase ci-dessous et apportez-lui les améliorations nécessaires.

Parmi les facteurs parentaux, on a remarqué qu'il y a davantage de maltraitance dans le cas des jeunes parents, surtout lorsque les grossesses ne sont pas planifiées.

_____

_____

_____

_____

10. Les références 4 et 5 en bas de page proviennent du même document, *Faire un signalement au DPJ, c'est déjà protéger un enfant*, publié par le ministère de la Santé et des Services sociaux. Aurait-il fallu écrire *Ibid.* au lieu de *Loc. cit.* à la note 5?

_____

_____

_____

_____

CHAPITRE 10

L'évaluation de rapports

OBJECTIF

Évaluer des rapports

- Corriger le français
- Revoir la rédaction
- Revoir l'introduction et la conclusion
- Vérifier la présentation
- Remettre un travail de qualité
- Choisir des sujets de rapports

Afin d'évaluer un rapport équitablement, comme sa rédaction est complexe et personnalisée, nous proposons un barème de correction calculé sur 15 points pour le rapport analytique, le premier à produire. La rédaction du rapport analytique sert à l'apprentissage et à l'intégration de tous les éléments de ce document. Pour ce qui est du barème de correction du rapport de recommandation, nous l'avons calculé sur 25 points, la seule différence dans ce barème étant l'ajout des recommandations à la partie D. Ces barèmes comportent cinq parties principales et une partie optionnelle.

Parties principales :

- la qualité du français ;
- la présentation du rapport ;
- la rédaction ;
- l'introduction et la conclusion ;
- la recherche.

Partie optionnelle :

- les primes.

Chacune des parties principales correspond aux éléments à considérer pour présenter un travail de qualité. Les étudiants et étudiantes auront intérêt à se fier à ce barème avant de remettre leur rapport ; ils pourront ainsi corriger plusieurs erreurs en vérifiant chacun des éléments de ses différentes sections. Les enseignantes et enseignants auront quant à eux un outil précieux justifiant leurs corrections.

Une sixième partie, intitulée « Les primes », a pour but de reconnaître les travaux se démarquant de la moyenne. Par exemple, deux rapports peuvent très bien répondre aux éléments de chacune des parties du barème de correction ; cependant, l'un des deux peut être nettement supérieur à l'autre par la qualité de la rédaction ou de la présentation. Sans pour autant souhaiter encourager la compétition, nous estimons que ce rapport mérite une prime. La reconnaissance d'un rapport de qualité supérieure souligne l'effort et les aptitudes d'une personne, ce qui pourrait l'inciter à se tourner vers une profession liée à la communication, par exemple.

Ce chapitre se termine avec une liste de suggestions de sujets de rapports liés au travail, au transport, à l'éducation des enfants et à l'actualité. Cette liste aidera les étudiants et étudiantes à choisir un sujet de rapport intéressant qui leur donnera le goût d'apprendre.

Le barème de correction du rapport analytique (15 points)

Comme l'objectif est ici la rédaction d'un rapport, plus de points sont attribués aux parties C, La rédaction (5 points); D, L'introduction et la conclusion (2 points); et E, La recherche (2 points), pour un total de 9 points sur 15 ou 60 % de la note globale.

NOM DE L'ÉLÈVE : _____

A) La qualité du français (3 points/0,5 point par erreur)

	Éléments à considérer	Nombre
A1	Orthographe	
A2	Conjugaison et utilisation de l'infinitif; accord du verbe avec son sujet	
A3	Accord des participes passés	
A4	Accord des adjectifs qualificatifs, démonstratifs, possessifs, indéfinis	
A5	Accord des pronoms personnels, possessifs, démonstratifs	
A6	Emploi de la majuscule et de la minuscule	
A7	Emploi du singulier et du pluriel	
A8	Emploi du masculin et du féminin	
A9	Accentuation des majuscules	
A10	Discrimination adjectif verbal/participe présent	
A11	Écriture des nombres	
A12	Abréviations (y compris point abréviatif), sigles et acronymes	
A13	Élisions (l'homme, le haricot)	
A14	Accord de *quelque*, *tout*, *demi*, *possible*, etc.	
A15	Coquille ou faute de frappe	

NOTE PARTIE A /3

B) La présentation du rapport (3 points/0,5 point par erreur)

	Éléments à considérer	Nombre
B16	Titre, intertitres et subdivisions (hiérarchisation, constance dans l'utilisation d'articles)	
B17	Utilisation de l'italique	
B18	Veuves et orphelines	
B19	Coupures de mots	
B20	Espacement et justification (alinéas, retours, retraits, espaces après abréviation, interlignage)	
B21	Guillemets	
B22	Indices et exposants	
B23	Pagination	
B24	Table des matières (numéros correspondant aux pages du texte, respect des intertitres tels qu'ils figurent dans le texte, inscription de toutes les données : annexes ou titre des annexes, médiagraphie)	
B25	Citations courtes (entre guillemets dans le texte, appel de note ou chiffre d'appel en exposant); citations longues (double retrait, simple interligne, appel de note ou chiffre d'appel)	
B26	Références en bas de page (prénom et nom de l'auteur non inversés, article entre guillemets, titre de l'ouvrage en italique, numéro de page)	

| B27 | Médiagraphie (ordre alphabétique, renfoncement à la deuxième ligne et aux suivantes, titre de l'ouvrage en italique, nombre de pages des livres, des guides ou des rapports, étendue des pages pour les articles de revues, première page seulement pour un article de journal) | |
| B28 | Tableaux (titre, têtes de colonnes, alignement des chiffres, précision des données, indication de la source), figures ou graphiques | |

NOTE PARTIE B	/3

C) La rédaction (5 points/0,5 point par erreur)

	Éléments à considérer	Nombre
C29	Féminisation du texte	
C30	Répétition d'un mot ou d'une partie de texte	
C31	Mot juste	
C32	Pléonasme	
C33	Anglicisme	
C34	Utilisation trop fréquente de *il y a, avoir, être* ou *faire*	
C35	Paragraphes de transition (on ne peut pas passer du point 2 au point 2.1 sans qu'il y ait du texte)	
C36	Texte hors sujet, erroné ou pas assez explicite	
C37	Charnières	
C38	Énumérations	
C39	Omission de définir un sigle ou d'expliquer un mot étranger ou inconnu	
C40	Syntaxe (ordre des mots, phrases incomplètes, mauvais usage des pronoms et des prépositions, temps des verbes, négations)	
C41	Sources et annexes	
C42	Ponctuation (maximum de deux erreurs)	

NOTE PARTIE C	/5

D) L'introduction et la conclusion (2 points/0,5 point par erreur)

	Éléments à considérer	Nombre
D43	Introduction (entrée en matière, but du rapport, présentation des parties)	
D44	Conclusion (ne répond pas aux questions posées dans l'introduction ou à l'objectif poursuivi ; ne fait que résumer ; ne comporte pas de déductions compatibles avec les points traités)	

NOTE PARTIE D	/2

E) La recherche (2 points/0,5 point par erreur)

	Éléments à considérer	Nombre
E45	Manque de données ou d'informations nécessaires à la compréhension du sujet	
E46	Interprétation erronée des données	
E47	Non-utilisation des médias d'information exigés	

NOTE PARTIE E	/2
TOTAL	**/15**

F) Les primes (2 points)

	Éléments à considérer	Nombre
F48	Rédaction supérieure à la moyenne	
F49	Présentation supérieure à la moyenne	

PRIME PARTIE F	
NOTE FINALE	**/15**

Le barème de correction du rapport de recommandation (25 points)

Comme l'objectif est ici la rédaction d'un rapport, plus de points sont attribués aux parties C, La rédaction (7 points); D, L'introduction et la conclusion (4 points); et E, La recherche (4 points), pour un total de 15 points sur 25 ou 60 % de la note globale.

NOM DE L'ÉLÈVE : _____

A) La qualité du français (5 points/0,5 point par erreur)

	Éléments à considérer	Nombre
A1	Orthographe	
A2	Conjugaison et utilisation de l'infinitif; accord du verbe avec son sujet	
A3	Accord des participes passés	
A4	Accord des adjectifs qualificatifs, démonstratifs, possessifs, indéfinis	
A5	Accord des pronoms personnels, possessifs, démonstratifs	
A6	Emploi de la majuscule et de la minuscule	
A7	Emploi du singulier et du pluriel	
A8	Emploi du masculin et du féminin	
A9	Accentuation des majuscules	
A10	Discrimination adjectif verbal/participe présent	
A11	Écriture des nombres	
A12	Abréviations (y compris point abréviatif), sigles et acronymes	
A13	Élisions (l'homme, le haricot)	
A14	Accord de *quelque*, *tout*, *demi*, *possible*, etc.	
A15	Coquille ou faute de frappe	

NOTE PARTIE A   /5

B) La présentation du rapport (5 points/0,5 point par erreur)

	Éléments à considérer	Nombre
B16	Titre, intertitres et subdivisions (hiérarchisation, constance dans l'utilisation d'articles)	
B17	Utilisation de l'italique	
B18	Veuves et orphelines	
B19	Coupures de mots	
B20	Espacement et justification (alinéas, retours, retraits, espaces après abréviation, interlignage)	
B21	Guillemets	
B22	Indices et exposants	
B23	Pagination	
B24	Table des matières (numéros correspondant aux pages du texte, respect des intertitres tels qu'ils figurent dans le texte, inscription de toutes les données : annexes ou titre des annexes, médiagraphie)	
B25	Citations courtes (entre guillemets dans le texte, appel de note ou chiffre d'appel en exposant); citations longues (double retrait, simple interligne, appel de note ou chiffre d'appel)	
B26	Références en bas de page (prénom et nom de l'auteur non inversés, article entre guillemets, titre de l'ouvrage en italique, numéro de page)	

B27	Médiagraphie (ordre alphabétique, renfoncement à la deuxième ligne et aux suivantes, titre de l'ouvrage en italique, nombre de pages des livres, des guides ou des rapports, étendue des pages pour les articles de revues, première page seulement pour un article de journal)	
B28	Tableaux (titre, têtes de colonnes, alignement des chiffres, précision des données, indication de la source), figures ou graphiques	
NOTE PARTIE B		/5

C) La rédaction (7 points/0,5 point par erreur)

	Éléments à considérer	Nombre
C29	Féminisation du texte	
C30	Répétition d'un mot ou d'une partie de texte	
C31	Mot juste	
C32	Pléonasme	
C33	Anglicisme	
C34	Utilisation trop fréquente de *il y a*, *avoir*, *être* ou *faire*	
C35	Paragraphes de transition (on ne peut pas passer du point 2 au point 2.1 sans qu'il y ait du texte)	
C36	Texte hors sujet, erroné ou pas assez explicite	
C37	Charnières	
C38	Énumérations	
C39	Omission de définir un sigle ou d'expliquer un mot étranger ou inconnu	
C40	Syntaxe (ordre des mots, phrases incomplètes, mauvais usage des pronoms et des prépositions, temps des verbes, négations)	
C41	Sources et annexes	
C42	Ponctuation (maximum de deux erreurs)	
NOTE PARTIE C		/7

D) L'introduction et la conclusion (4 points/0,5 point par erreur)

	Éléments à considérer	Nombre
D43	Introduction (entrée en matière, but du rapport, présentation des parties)	
D44	Conclusion (ne répond pas aux questions posées dans l'introduction ou à l'objectif poursuivi ; ne fait que résumer ; ne comporte pas de déductions compatibles avec les points traités)	
D45	Recommandations	
NOTE PARTIE D		/4

E) La recherche (4 points/0,5 point par erreur)

	Éléments à considérer	Nombre
E46	Manque de données ou d'informations nécessaires à la compréhension du sujet	
E47	Interprétation erronée des données	
E48	Non-utilisation des médias d'information exigés	
NOTE PARTIE E		/4
TOTAL		/25

F) Les primes (2 points)

	Éléments à considérer	Nombre
F49	Rédaction supérieure à la moyenne	
F50	Présentation supérieure à la moyenne	
PRIME PARTIE F		
NOTE FINALE		/25

Des propositions de sujets

Voici une liste de différents sujets de rapports qui vous aidera à vous orienter vers des thèmes intéressants. Vous devez rédiger environ cinq pages de texte, de l'introduction à la conclusion, pour un rapport analytique. Le rapport de recommandation, quant à lui, doit comprendre de 10 à 12 pages de texte, selon le sujet traité. La page titre, la table des matières et la médiagraphie ne sont pas incluses dans le nombre de pages exigées.

Sujets de rapports	
Le déclin du téléphone	Les maisons usinées
La reconnaissance vocale	L'industrie de la mode
L'épuisement professionnel	La pollution sonore
L'équité salariale	Les distractions au volant
L'alcool au travail	La maladie d'Alzheimer
Le métier de réceptionniste à l'ère des boîtes vocales	La possession d'une auto : un luxe ou une nécessité pour les étudiants et étudiantes ?
Le retour aux études	La dépollution des sols
Le nouveau syndicalisme	Le réchauffement climatique
Le niveau de bilinguisme exigé	La popularité des soins esthétiques
Le harcèlement au travail	L'encombrement planétaire (satellites)
Les dangers du téléphone cellulaire	Les aires protégées du Québec (rivières)
Le travail autonome	L'activité physique chez les jeunes adultes
La qualité d'un site Web	La guérison par l'hypnose
Le télétravail	Le système de santé à deux vitesses
Les cégeps francophones et anglophones (Charte de la langue française)	L'empreinte génétique (ADN)
La pollution par le bruit au bureau	Les hormones de croissance (DHEA)
Le téléphone intelligent	Les limites de la minceur
Les femmes et les affaires	Le décrochage scolaire
La sécurité au travail	L'euthanasie
Les analphabètes informatiques	La surpopulation
Le régime des rentes	L'aide humanitaire
Les réseaux sociaux	Le registre des armes à feu
La valeur du dollar canadien	Les médicaments génériques
Le travail au noir et l'économie	Le tourisme médical
Les salaires des hommes et des femmes	Le profilage racial
Les femmes en médecine	L'étiquetage des produits alimentaires
L'âge de la retraite	L'impact des loteries
L'âge pour investir dans un REER	Le recyclage des appareils ménagers
Les tablettes tactiles	La pharmacodépendance
Le commerce électronique	La légalisation des drogues douces
Les caméras de surveillance	Le vol d'identité
Le travail en région	Les agressions au domicile
L'exode des cerveaux	L'avenir des sociétés papetières
Le congé de maternité et de paternité	Le tourisme au Québec
La conciliation travail-famille	Le soccer au féminin
Les techniques de la logistique du transport	Les techniques d'éducation à l'enfance

Sujets de rapports (suite)	
Le covoiturage	La sieste
L'avenir du transport en commun	La difficile question de l'autorité parentale
Les voitures électriques ou hybrides	Les allergies alimentaires
Les carrefours giratoires	L'enfant et le sucre
L'emploi en transport	La timidité chez l'enfant
Le transport spécialisé (personnes)	Les enfants agressifs (enfants bourreaux)
Le transport de matières dangereuses	Les troubles d'apprentissage
Le marquage orange (chantiers de construction)	La dyslexie
Les carburants de remplacement	Les enfants gauchers
Les camions qui roulent au gaz naturel	La prévention de l'anorexie
L'industrie automobile	L'obésité chez les jeunes
La chaîne du froid (manipulation, stockage et transport de produits à température contrôlée)	Les garderies familiales par rapport aux centres de la petite enfance
Le marché de la revente des véhicules	La stimulation de l'enfant de 0 à 12 mois
L'indemnisation des accidentés de la route	L'eczéma
La somnolence au volant	L'âge idéal pour aller à la garderie
La popularité du Bixi	Les enfants malades en garderie
L'accès des trains routiers dans les villes	Les clowns thérapeutiques
Le transport par conteneurs	L'enfant et les animaux de compagnie
Le Québec et l'exportation par voie ferroviaire	L'ordinateur à la garderie
Les coussins gonflables	Les jeux électroniques
La conduite automobile chez les personnes âgées	Le diabète chez les enfants
L'âge pour obtenir un permis de conduire	Le rôle des grands-parents
L'enregistreur de vitesse obligatoire dans les camions	Le besoin de lumière chez les enfants
Les pièges à contraventions	Les antibiotiques
Le retour du péage sur les ponts	L'enfant-roi, l'enfant-moi
La location ou l'achat d'une voiture	Les habiletés langagières chez l'enfant
Les GPS	L'énurésie
Les cyclistes et les automobilistes	L'heure du dodo

ANNEXE

La ponctuation

Bien que les frontières de la ponctuation soient parfois difficiles à déterminer, il n'en reste pas moins qu'on doit respecter certaines règles.

> *On peut parler de principes et de règles de ponctuation dans la mesure où un certain nombre de conventions se sont imposées au fil des époques. Il faut toutefois préciser que plusieurs pratiques différentes cohabitent. Il arrive souvent, d'ailleurs, que divers choix soient possibles en un point précis du texte ; la ponctuation devient alors affaire de nuances sémantiques et stylistiques. [...] Il existe des principes syntaxiques, sémantiques et stylistiques en matière de ponctuation, comportant obligations et possibilités. En effet, la ponctuation d'une phrase est établie en fonction de sa construction, du sens précis que l'on veut lui donner et du style souhaité[27].*

Voici quelques règles courantes à respecter, illustrées par des exemples tirés du présent ouvrage.

Quelques rappels au sujet de la ponctuation

Règles	Exemples
Virgule avant ET Pour séparer deux propositions indépendantes n'ayant pas le même sujet.	De ce nombre, 211 ont causé des dommages matériels, *et* aucun n'a entraîné de décès. L'ordre des points peut être modifié, *et* les membres peuvent en ajouter, mais, une fois l'ordre du jour adopté, il doit être respecté jusqu'à la fin. Plusieurs documents ont leur équivalent numérique, *et* il suffit de quelques minutes pour les consulter.
Pour distinguer les coordinations.	Ces documents doivent respecter les normes de typographie *et* de mise en pages, *et* être présentés dans un français impeccable. Les pages annexes suivent la conclusion ou les recommandations d'un rapport. Elles comprennent les annexes, la médiagraphie *et* l'index, *et* sont paginées en chiffres arabes.
Pas de virgule avant ET Pour coordonner le dernier terme d'une énumération, sauf si on veut insister sur cet élément.	Les risques peuvent être grandement diminués par une insonorisation adéquate, des îlots de jeux calmes, du matériel moins bruyant *et* des moments de silence.
Virgule avant MAIS Pour introduire une proposition complète.	Évidemment, certains exemples présentent des sujets qui ont pu subir de rapides modifications, *mais* le côté rédactionnel demeure la partie essentielle de ces documents.
Pas de virgule avant MAIS Pour introduire des mots ne formant pas une proposition complète.	Il peut arriver, même si c'est beaucoup plus rare, qu'une proposition soit faite pour que la séance soit reprise un peu plus tard, non pas pour discuter *mais* pour prendre une pause ou un repas.

27. Banque de dépannage linguistique (OQLF). *Principes généraux de la ponctuation*, [66.46.185.79/bdl/gabarit_bdl.asp?t1=1&id=3323] (page consultée le 2 mai 2011).

Quelques rappels au sujet de la ponctuation (suite)

Règles	Exemples
Virgule avant CAR Pour introduire une proposition explicative ou complète.	Dans le cas d'une assemblée générale extraordinaire, on n'emploie pas le mot « projet », *car* aucun changement ne pourra être apporté à l'ordre du jour. Il se peut qu'une revue porte deux numéros, *car* elle couvre deux mois. On a dû faire un point particulier avec les préalables, *car* cette facette était très importante.
Virgule facultative avant et après CAR Pour encadrer un complément circonstanciel, une incise ou une incidente.	La clientèle peut se diviser en trois catégories : les personnes souffrant d'une maladie, celles qui consomment des médicaments, *car* elles en dépendent, et celles qui fraudent le gouvernement. Elles ne doivent pas attendre d'être dans l'obligation de modifier leur façon de diriger, *car* le moment venu, des changements trop rapides seront mal faits ou mal perçus. C'est une question de pulsion vitale, *car*, jusqu'à l'âge de six ans, la motricité constitue un élément majeur de son développement.
Virgule avant et après Pour encadrer une proposition explicative. Pour encadrer un complément circonstanciel.	Pour ce qui est de l'école, *la pédagogie par projets qui favorise l'apprentissage en équipe,* est maintenant pointée du doigt pour l'augmentation du bruit généré dans la classe. Rappelons-nous que, *sur tous les enfants que l'on surnomme hyperactifs,* seuls 3 % à 5 % seront diagnostiqués comme tels. Il faut savoir que, *parmi les enfants étiquetés comme hyperactifs,* 5 % seulement le sont vraiment. Il ne faut pas trop attendre pour effectuer un signalement puisque, *même si l'on n'a pas beaucoup de preuves,* d'autres personnes avant [...] Remarquez que, *dans les plans provisoires proposés en exemples,* la structure thématique est privilégiée, car on détermine les aspects les plus importants du sujet et on les classe par priorités.
Virgule avant et après ET CE, ET CECI, ET CELA Pour insister sur ce qui précède.	Il est ensuite question de la légalisation du droit à la mort dans le monde, *et ce,* en lien avec les convictions religieuses.
Virgule avant ou après PAR EXEMPLE Pour isoler la charnière au début et à la fin d'une phrase.	En premier lieu, on gagnerait à mieux insonoriser les locaux, bien sûr. Utiliser des jouets moins bruyants, dont les roues sont de caoutchouc au lieu de plastique dur, *par exemple*.
Virgule avant et après PAR EXEMPLE Pour faire ressortir la charnière à l'intérieur d'une phrase.	Vous supprimerez les articles dans une énumération de noms, *par exemple,* ou vous choisirez le participe présent à certains endroits, ou encore vous emploierez des mots « économiseurs de texte ».
Virgule après un mot Pour marquer une ellipse.	Le sujet est simple et le découpage, *facile*.

Quelques rappels au sujet de la ponctuation (suite)

Règles	Exemples
Virgule avant ALORS Pour faire ressortir l'opposition entre les idées.	Dans les usines, cette tâche s'étend aux contremaîtres**, *alors*** que dans les institutions gouvernementales, la rédaction revient à autant de fonctionnaires, chefs de service, spécialistes et pédagogues.
Point-virgule entre deux propositions Pour séparer des idées qui s'enchaînent ou qui sont liées par le même sujet.	Les membres du conseil d'administration de la Corporation, à l'exception du gérant, ne sont pas rémunérés pour leur fonction ***; seules les dépenses effectuées pour le compte de la Corporation sont remboursées***.

Médiagraphie

ALPIN, Roland. « Diriger sans s'excuser », *Gestion*, vol. 19, n° 2, mai 1994, p. 55-56.

ASSEMBLÉE NATIONALE. *La fonction de député*, Québec, [assnat.qc.ca/fr/abc-assemblee/fonction-depute/index.html] (page consultée le 15 mars 2011).

ASSEMBLÉE NATIONALE. *La présence féminine*, Québec, [assnat.qc.ca/fr/patrimoine/femmes1.html] (page consultée le 14 mars 2011).

ASSEMBLÉE NATIONALE. *Les femmes parlementaires depuis 1961*, Québec, [assnat.qc.ca/fr/patrimoine/femmes.html] (page consultée le 13 mars 2011).

ASSEMBLÉE NATIONALE. *Nombre de ministres dans les cabinets et la représentation féminine depuis 1962*, Québec, [assnat.qc.ca/fr/patrimoine/ministrescabinets.html] (page consultée le 14 mars 2011).

ASSEMBLÉE NATIONALE. *Titulaires de ministères depuis 1867*, Québec, [assnat.qc.ca/fr/patrimoine/cabinets1.html] (page consultée le 14 mars 2011).

BERGER, Cédric, et Serge GUILLARD. *La rédaction graphique des procédures : démarche et techniques de description des processus*, Paris, Association française de normalisation, 2000, 250 p.

BISSON, Bruno. « Le bilan du virage à droite au feu rouge : depuis 2003, 5 personnes sont mortes et 30 ont été gravement blessées », *La Presse*, Montréal, 18 août 2010, p. A5.

BOISVERT, Daniel. *Le procès-verbal et le compte rendu : des valeurs ajoutées à vos réunion*, Cap-Rouge, Presses Inter Universitaires, 1996, 146 p.

BOIVIN, Gilles. « Un cabinet tourné vers les régions », *Le Soleil*, n° 267, 27 septembre 1994, p. 1.

BOMBARDIER, Denise. « Les femmes et la politique », *Le Devoir*, 6 septembre 2008, p. C-5.

CAJOLET-LAGANIÈRE, Hélène, Pierre COLLINGE et Gérard LAGANIÈRE. *Cours de rédaction technique et administrative*, Sherbrooke, Éditions Laganière, 1984, 239 p.

CAJOLET-LAGANIÈRE, Hélène, et Noëlle GUILLOTON. *Le français au bureau*, 6ᵉ édition, Sainte-Foy, Les Publications du Québec, 2005, 754 p.

CAMPBELL, Archie. *Le SRAS et la santé publique en Ontario*, 15 avril 2004, 244 p., [health.gov.on.ca/french/publicf/pubf/ministry_reportsf/campbell04f/campbell04_4f.pdf] (document consulté le 12 mai 2011).

CARON, Rosaire. *Comment citer un document électronique ?*, Bibliothèque de l'Université Laval, [bibl.ulaval.ca/doelec/citedoce.html] (page consultée le 21 mars 2011).

CASTILLE, Juan José. « Design organisationnel, formation et participation des travailleurs dans une usine de moteurs en Espagne », *Revue internationale d'action communautaire*, n° 25, printemps 1991, p. 77-82.

CENTRE COLLÉGIAL DE DÉVELOPPEMENT DE MATÉRIEL DIDACTIQUE. *Stratégies d'autocorrection, Fiche d'autocorrection : Paragraphe*, [www.protic.net/profs/stephanie/francais/paragraphe.pdf] (document consulté le 20 février 2011).

CENTRE DE DÉVELOPPEMENT TECHNOLOGIQUE. *Le virage à droite au feu rouge au Québec*, Montréal, École polytechnique, septembre 2002, 54 p.

CENTRE D'EXCELLENCE POUR LE DÉVELOPPEMENT DES JEUNES ENFANTS. « Prévention de la maltraitance envers les enfants », Montréal, 2003, 29 p., [excellence-jeunesenfants.ca/documents/MacMillan_Coll09-03FR.pdf] (document consulté le 16 janvier 2011).

CHAMPAGNA, Jean-Charles. *La maltraitance*, [droitsenfant.com/maltraitance.htm] (page consultée le 18 janvier 2011).

CHOUINARD, Marie-Andrée. « Enfant négligé cherche famille aimante », *Le Devoir*, 13 mai 2005, p. A-4.

CLERC, Isabelle, et autres. *Guide de rédaction d'un rapport technique à l'intention des étudiants de la Faculté des sciences et de génie*, Québec, Université Laval, 2004, 67 p., [www.sbf.ulaval.ca/opfor/memoire/Guide_redaction_V2004.pdf] (document consulté le 6 mai 2011).

CLOUTIER, Hélène. « L'intervention des clientèles à risque », *Apprentissage et socialisation*, vol. 14, n° 4, décembre 1991, p. 303-304.

COMMISSION DES DROITS DE LA PERSONNE ET DES DROITS DE LA JEUNESSE. *Orientation de la Commission des droits de la personne du Québec face au harcèlement en milieu de travail*, Québec, 1987, 9 p., [cdpdj.qc.ca/fr/publications/docs/harcelement_orientations.pdf] (document consulté le 7 mars 2011).

COREN, Stanley. *Sleep Thieves (Les voleurs de sommeil)*, New York, Simon & Schuster Inc., 1997, 320 p.

DAGENAIS, Christian, Camil BOUCHARD et Julie TURNER. « L'intervention en situation de crise en protection de la jeunesse : crise familiale ou crise organisationnelle ? », *Service social*, vol. 47, n°s 3-4, 1998-1999, p. 41-76.

DANVERS, Francis. *S'orienter dans la vie : une valeur suprême ?*, Villeneuve-d'Ascq, Presses universitaires Septentrion, 2009, 656 p. (Collection Métiers et pratiques de formation).

DÉPARTEMENT DE LANGUE ET LITTÉRATURE FRANÇAISES. *Protocole pour la présentation matérielle des travaux*, Montréal, Université McGill, [litterature.mcgill.ca/protocole_travaux.html#pagination] (page consultée le 7 mai 2011).

DÉPARTEMENT DE LETTRES. *Guide de présentation d'un travail de recherche*, Cégep de Lévis-Lauzon, août 2002, 30 p., [clevislauzon.qc.ca/Pdf/guide_travail_recherche.pdf] (document consulté le 7 mai 2011).

DESROCHERS, Lucie. « La lente accession au pouvoir politique », *La Gazette des femmes*, vol. 11, n° 6, mars-avril 1990, p. 18.

DONTIGNY, Diane. « À la vitesse de la lumière », *Contact*, printemps-été 1993, p. 27.

DUBOIS, Pierre. « Une technique de gestion participative efficace », *Le banquier et revue IBM*, 10e année, n° 3, juin 1983, p. 36-41.

DUMONT, Micheline, et autres. *L'histoire des femmes au Québec depuis quatre siècles*, 2e édition, Montréal, Éditions Le Jour, 1992, 649 p.

ENTREPRISES CANADA. *Rédaction de votre plan d'affaires*, [www.entreprisescanada.ca/fra/86/4877] (page consultée le 20 février 2011).

FABI, Bruno. « Les cercles de qualité : leçons de l'expérience internationale », *Gestion*, vol. 16, n° 1, printemps 1991, p. 50-58.

FROMENT, Dominique. « Le cadre supérieur idéal : un chef d'orchestre qui joue de tous les instruments », *Les Affaires*, vol. LXV, n° 5, 30 janvier au 5 février 1993, p. B-8.

GATLIN INTERNATIONAL. Description d'un cours de *Rédaction technique*, [www.gatlininternational.fr] (page consultée le 11 mars 2010).

GIQUEL, Françoise. *Réussir le résumé de texte*, Paris, Éditions d'organisation, 1990, 200 p.

GIRARD, Normand. « 3 ministres pour Québec et Montréal », *Le Journal de Québec*, vol. XXVIII, n° 201, 27 septembre 1994, p. 8.

GOULET, Liliane, et Ginette LÉPINE. *Cahier de méthodologie*, Montréal, Université du Québec à Montréal, 1987, 231 p.

GOULET, Sébastien. *Ciblage comportemental et vie privée : débat aux États-Unis*, 2009, [blogue.pubinteractive.ca/2009/12/07/ciblage-comportemental-et-vie-privee-debat-aux-etats-unis] (page consultée le 17 mars 2011).

GRAVEL, Pauline. « Brouhaha à la garderie », *Enfants Québec*, vol. 14, n° 3, novembre 2001, p. 31-32.

HENRY, Alain, et Ignace MONKAM-DAVERAT. *Rédiger les procédures de l'entreprise : guide pratique*, Paris, Éditions d'organisation, 2001, 186 p.

HOFNER, Marie-Claude, Yves AMMANN et Dorothée BREGNARD. *Recherche sur la maltraitance envers les enfants dans le canton de Vaud*, Lausanne, Hospices cantonaux – DUMSC, 2001, 45 p., [iumsp.ch/Publications/pdf/RdS60_fr.pdf] (document consulté le 11 avril 2011).

LA MYRIADE, centre de réadaptation. *Modèle de gestion*, septembre 2008, 16 p., [crlamyriade.qc.ca/documents/modelegestion.pdf] (document consulté le 4 avril 2010).

LAPIERRE, Vallier. « Restructuration des entreprises : sept conseils aux cadres intermédiaires pour sauver leur peau », *Les Affaires*, vol. LXV, n° 5, 30 janvier au 5 février 1993, p. B-9.

LARAMÉE, Alain. *La communication dans les organisations : une introduction théorique et pragmatique*, Québec, Presses de l'Université du Québec, 1989, 302 p.

LAROSE, Robert. *La rédaction de rapports : structure des textes et stratégie de communication*, Québec, Presses de l'Université du Québec, 1992, 181 p.

LARUE, Michel. « La gestion participative selon Alain Lemaire », *Avenir*, vol. 5, novembre 1991, p. 16-17.

LECLERC, Marc-Yves. « Aurore, Arcand et les centres jeunesse », *Le Devoir*, 14 octobre 2005, p. A-9.

LOUIS, Sylvie. « Il n'arrête pas un instant ! », *Enfants Québec*, vol. 13, n° 5, février-mars 2001, p. 67-68.

MAGNY, André. « Plus entêté que le destin », *Le Droit*, 11 juillet 2005, p. 27.

MALAVOY, Sophie. *Guide pratique de vulgarisation scientifique*, Montréal, Acfas, 1999, 38 p.

MALETTO, Michel, et Pierre-Olivier PINEAU. « Participation active de nos ressources humaines à l'amélioration de la qualité », *Forum qualité*, vol. 5, n° 5, septembre-octobre 1995, p. 4-6.

MALETTO, Michel, et Pierre-Olivier PINEAU. « Participation active de nos ressources humaines à l'amélioration de la qualité II », *Forum qualité*, vol. 6, n° 2, mars-avril 1996, p. 8-9.

MARCHAND, Danielle. « Des familles en déroute », *Le Devoir*, 27 octobre 2005, p. A-7.

MARCIL, Claude, et Robert CHIASSON. *Comment chercher : les secrets de la recherche de l'information*, Saint-Nicolas, Éditions MultiMondes, 1992, 186 p.

MASSÉ, Raymonde, et Marie-France BASTIEN. « La pauvreté génère-t-elle la maltraitance ? Espace de pauvreté et misère sociale chez deux échantillons de mères défavorisées », *Revue québécoise de psychologie*, vol. 17, n° 1, 1996, p. 3-24.

MASSICOTTE, Lise, et Youssef A. YOUSSEF. « Guide de rédaction d'une procédure de travail », *Qualité totale*, été 1994, p. 17-19.

MINISTÈRE DE LA SANTÉ ET DES SERVICES SOCIAUX. *Faire un signalement au DPJ, c'est déjà protéger un enfant*, Québec, 2008, 26 p., [publications.msss.gouv.qc.ca/acrobat/f/documentation/2008/08-338-01F.pdf] (document consulté le 11 avril 2011).

MINISTÈRE DES TRANSPORTS. *Amendes et points d'inaptitude*, Québec, 2007, [www.mtq.gouv.qc.ca] (page consultée le 16 avril 2011).

MONIÈRE, Denis. *L'année politique au Québec 1987-1988*, Montréal, Éditions Québec Amérique, 1989, 254 p.

MORAZAIN, Jeanne. « Gagné dans le siècle de la qualité », *Commerce*, 93e année, n° 9, septembre 1991, p. 82.

MORIN, Victor (mise à jour par Michel DELORME). *Code Morin : procédure des assemblées délibérantes*, Laval, Éditions Beauchemin, 1994, 156 p.

MYERS, Marvin Scott. *Gestion participative et enrichissement des tâches*, Paris, Éditions Dalloz Gestion, 1978, 160 p.

OBSERVATOIRE NATIONAL DE L'ACTION SOCIALE DÉCENTRALISÉE. « Évolution des signalements des enfants en danger en 2003 », *La lettre de l'Odas*, décembre 2004, 6 p., [odas.net/IMG/pdf/200412_lettreEnfance_Dec04.pdf] (document consulté le 11 avril 2011).

OFFICE QUÉBÉCOIS DE LA LANGUE FRANÇAISE. *Banque de dépannage linguistique*, [www.oqlf.gouv.qc.ca/ressources/bdl.html] (page consultée le 27 février 2011).

OFFICE QUÉBÉCOIS DE LA LANGUE FRANÇAISE. « Manuel qualité », *Le grand dictionnaire terminologique*, [www.granddictionnaire.com] (page consultée le 28 février 2011).

ORGANISATION MONDIALE DE LA SANTÉ. *Maltraitance des enfants et manque de soins*, [who.int/violence_injury_prevention/violence/world_report/factsheets/en/childabuse_fr.pdf] (document consulté le 12 février 2011).

PEKRUHL, Ulrich. « La gestion participative en Suisse et en Europe », *La vie économique*, avril 2007, p. 9-12.

PERRON, Gérard. *La gestion participative*, Montréal, Les Éditions Transcontinental, 1997, 208 p.

RAYMOND, Mélanie. *Décrocheurs du secondaire retournant à l'école*, 42 p., [www.statcan.gc.ca/pub/81-595-m/81-595-m2008055-fra.pdf] (document consulté le 26 mars 2011).

RENAUD, Benoît. *Le texte argumenté*, Sainte-Foy, Éditions Le Griffon d'argile, 1993, 230 p.

RICHARD, Jules. *Communication technique et scientifique*, Anjou, Les Éditions CEC, 1996, 184 p.

Robillard, Jean. *Les communications d'affaires : style, efficacité, méthode*, Montréal, Éditions Saint-Martin, 1992, 158 p. (Collection Communication).

« Seul ou avec d'autres : la gestion participative, un nouveau modèle de travail », *Le Bloc-Notes*, 23 octobre 1998, vol. 1, n° 13, [leblocnotes.ca/node/807] (page consultée le 4 avril 2010).

Simard, Marcel, et Alain Marchand. « L'adaptation des superviseurs à la gestion participative de la prévention des accidents », *Relations industrielles*, vol. 50, n° 3, 1995, p. 567-582.

Société de l'assurance automobile du Québec. *Virage à droite au feu rouge*, Québec, [saaq.gouv.qc.ca/prevention/virage_droite] (page consultée le 3 avril 2011).

Table québécoise de la sécurité routière. *Deuxième rapport de recommandations : pour poursuivre l'amélioration du bilan routier*, novembre 2009, 55 p., [www.securite-routiere.qc.ca/Pages/Publications.aspx] (document consulté le 12 avril 2011).

Tremblay, Marie-Christine. « Maltraiter un enfant, ce n'est pas que le frapper », *Coup de pouce*, Montréal, 30 août 2005, [coupdepouce.com/vie-de-famille/enfant/maltraiter-un-enfant-ce-n-est-pas-que-le-frapper/a/18176] (page consultée le 3 mars 2011).

Tremblay, Robert. *L'écritoire : outils pour la lecture et la rédaction des textes raisonnés*, Montréal, McGraw-Hill, 1991, 186 p.

Tremblay, Robert. *Savoir-faire : précis de méthodologie pratique pour le collège et l'université*, Montréal, McGraw-Hill, 1989, 215 p.

Trocmé, Nico, et autres. *Étude canadienne sur l'incidence des signalements de cas de violence et de négligence envers les enfants – 2003*, 148 p., [phac-aspc.gc.ca/cm-vee/csca-ecve/index-fra.php#2] (document consulté le 6 mai 2011).